RONSARD EN FRANCE

E. RAYON

RONSARD
EN FRANCE

et dans la région de Brie-Gâtinais

SA VIE — SON ŒUVRE — SON ART

Extrait du Bulletin de la Société d'Archéologie de Seine-et-Marne

MELUN
IMPRIMERIE E. LEGRAND, 23, RUE BANCEL

1925

RONSARD
EN FRANCE
ET DANS LA RÉGION DE BRIE-GATINAIS

Ire PARTIE

PRÉLIMINAIRE

A l'occasion du *quatre centième* anniversaire de la naissance de Ronsard, la France entière s'est levée et se lève partout pour venger sa mémoire d'un trop long oubli, pour rappeler à nos contemporains ses titres à leur reconnaissance, pour manifester, envers ce créateur de la Poésie française moderne, tout l'enthousiasme et l'admiration qui lui sont dus.

En effet, Ronsard a le rare mérite, car nous ne pouvons plus, en 1924-1925, nous contenter de la timide réhabilitation tentée par Sainte-Beuve, d'avoir su trouver la *Forme* poétique qui convenait et la *Matière* véritablement noble et sincère, souple et élégante, dont il a rempli cette forme en s'efforçant ensemble d'égaler les Anciens, d'introduire, dans la Pensée française, à la fois le meilleur de la Poésie grecque et de la Poésie latine et, en même temps, les belles ciselures de la Poésie italienne, tout en restant par le fond un poète foncièrement français.

I

Sans vouloir aborder, dès maintenant, le fond du sujet, disons, en effet, que Ronsard est le premier de nos grands *Lyriques*, et, qu'en raison même de la plénitude de son génie, il a su s'élever, dans l'*Ode* ou le *Sonnet*, à des hauteurs jusqu'alors inconnues, pendant que dans l'*Elégie*, par ses accents de mélancolie et d'effusion personnelle, il semble être le premier de nos Romantiques.

Il est le plus grand *Lyrique*, grâce à la technique parfaite de la Forme, à l'ampleur de la Phrase, à la Poésie et à la richesse du Sentiment.

En même temps, — ce qui n'est pas une conséquence forcée du Lyrisme poétique, — il est le premier qui, avant le XIXe siècle, ait su se montrer aussi délicat *Musicien*.

Sans doute, si l'on ne songe qu'à *La Franciade*, il a échoué dans l'*Epopée*. Mais cette tentative même prouve à la fois son courage et sa dignité d'écrivain. Par ailleurs, il a su montrer hautement son sentiment de la grandeur héroïque. De même, un instinct non moins sûr le porta vers la *Satire*, afin de faire entendre aux rois et aux peuples de grandes et terribles leçons.

Admiré de son siècle, il tomba dans un injuste oubli jusqu'en 1828, d'où Sainte-Beuve s'efforça de le tirer. Il n'a vraiment été étudié avec sympathie qu'à partir de 1889 par quelques rares et précieux livres de Faguet ou de M. de Nolhac, par des ouvrages de plus en plus nombreux et consciencieux parus de 1902 à 1924, parmi lesquels il faut mettre en première ligne, ceux de Brunetière, ceux de M. Laumonier, de M. Henri Longnon et de M. de Nolhac.

C'est grâce aux travaux de ces érudits ou de ces délicats artistes du style, que la *Personne* et l'*Œuvre* de Ronsard, gentilhomme vendômois, ressortent dans toute leur éclatante vérité pour l'une, leur éblouissante beauté pour l'autre.

Vendôme, Tours, Paris ont célébré ou vont célébrer le quatrième centenaire de ce grand Poète, de ce divin Pétrarque français, de ce Créateur de rythmes, tel qu'il n'a jamais été surpassé par aucun autre en France, même par Victor Hugo.

A cette manifestation nationale, la Société d'Archéologie, d'Histoire, de Sciences et Lettres de Seine-et-Marne *peut* et *doit* s'associer. Elle n'y manquera pas.

II

Car, à son tour, n'a-t-elle pas des devoirs particuliers envers ce Poète qui se dit si hautement « gentilhomme vendômois »? Ronsard, par les circonstances de temps et de lieu, par ses attaches aux personnes, n'a-t-il pas de nombreux points communs avec notre *Histoire locale?* Page ou Poète, n'est-il pas lié intimement à notre sol, ne fût-ce même que par des liens moraux, je veux dire ceux du dévouement et de l'adoration, ceux de l'amitié, ceux de la reconnaissance ?

Oui. Sans vouloir aucunement exagérer cette partie de son œuvre qui, le plus souvent, alors qu'elle vise des circonstances de personnes, de temps et de pays essentiellement locales, soit briardes, soit surtout gâtinaises, il est certain que, *même localisées* par un certain côté, elles n'en restent pas moins *nationales*. Ronsard est, avant tout, un poète universellement français, ensuite un poète vendômois, mais c'est aussi un poète de Cour. C'est parce qu'il a été Page auprès des Enfants de France, enfants de François Ier ou enfants de Henri II; c'est parce qu'il a été Poète des Rois Henri II, François Ier, Charles IX et Henri III, que plusieurs de ses œuvres se rattachent surtout aux souvenirs de Fontainebleau. Nous verrons, d'ailleurs, qu'il en est d'autres en rapport avec la Brie.

III

Le présent entretien aura donc un double but :

D'abord, faire connaître les motifs de la grande manifestation nationale à l'égard de Ronsard, en étudiant sa *Vie*, ses *Œuvres* et son *Influence*.

Ensuite, insister plus particulièrement sur les raisons que nous avons, en Seine-et-Marne, de parler de Ronsard qui est un peu nôtre.

Sur ce dernier point, les titres de notre Province ne peuvent venir en ligne que loin après Vendôme et Tours, Paris et Blois; en tout cas, dans le long cortège des trente-deux Provinces de l'ancienne France venant acclamer Ronsard, la Brie et le Gâtinais, celui-ci surtout, peuvent légitimement prendre place en avant-garde, au cinquième ou sixième rang.

IV

Les Sociétés d'Archéologie départementales sont obligées, trop souvent par la force des choses, de ne traiter que des questions de détail. L'honneur de la Société de Seine-et-Marne, dont le siège est à Melun, aura été, depuis la Guerre, de rétablir l'étude des grandes Questions d'Ensemble. Ainsi avons-nous procédé pour l'Architecture et la Sculpture, les Etudes hagiographiques ou celles de l'Histoire proprement dite. Pour la Poésie, naguère nous avons traité de Stéphane Mallarmé; aujourd'hui, nous parlerons de Ronsard.

V

Certes, pour le faire, une langue poétique ne serait pas de superflu. Alors, je n'aurais plus qu'à me récuser.

Mais expliquer historiquement, grammaticalement et métriquement la Vie et les Œuvres de Ronsard, suffit à faire connaître ce beau poète et, sans qu'il y ait faute de la part du critique, une fois ce poète connu du lecteur, l'admiration ne tarde pas à venir par surcroît. On ne peut pas le connaître sans l'aimer. On ne peut pas ne pas l'aimer, tant ce poète est charmant lorsqu'il décrit la *Nature* ou peint l'*Amour;* émouvant et convaincant lorsqu'il plaide contre la *Mort des Arbres;* lorsqu'il supplie Rois et Peuples de faire la *Paix intérieure* et de cesser les horribles guerres intestines dues au fait de Religion; lorsqu'il claironne très haut l'ivresse de la Gloire utile à la Patrie et du sacrifice des Héros pour la défense du sol national; lorsque enfin il pleure sur la mort prématurée des Femmes aimées et vénérées; lorsqu'il pèse mélancoliquement la Fuite des Jours, la Brièveté de la Vie, l'Ecoulement incessant des Choses et des Etres, les Inconstances douloureuses de la Fortune pour les Peuples comme pour les Rois.

Tour à tour, *lyrique*, il adopte le mouvement de Pindare, ou d'Horace, ou d'Anacréon; à d'autres moments, *poète de l'amour*, il ressuscite Pétrarque ou Bembo; *élégiaque*, il pleure avec des accents bibliques ou des plaintes sophocléennes; *épique*, il raconte les hauts faits des armes ou des amis des Muses. Il a tous les accents, du sublime au tempéré et au simple; il prend tous les tons et partout il sait garder la *Mesure. Mesure* dans l'ensemble, *mesure* dans les parties et les strophes et les vers; *mesure* dans les rythmes et les vocalismes; *mesure* dans les périodes; *mesure* dans le choix des mots, dans la langue même.

C'est un grand Maître pour l'*Art.*

C'est aussi un grand Maître pour le *Cœur* et l'*Esprit.* Il a su aimer sa Patrie et ses Princes; il a su rester fidèle à ses amis, à Joachim Du Bellay, à Michel de L'Hospital, au cardinal Odet de Coligny, devenu protestant. Contre les ennemis de la Paix publique, il a su parler hardiment, par exemple, contre Théodore de Bèze dont l'inexorable fanatisme le révoltait.

Certes, c'est un épicurien au doux sourire. Sans doute, il a vécu à une époque peu châtiée, la morale d'alors n'était pas la présente. Il se vante, en poète, de trop de succès amoureux; mais, s'il eut des écarts, il n'y persista pas. Né gentilhomme, il resta toujours gentilhomme.

La fameuse phrase :

Le vers se sent toujours des *bassesses* du cœur,

ne peut s'appliquer à lui.

Il faudrait bien plutôt, — pour lui, — en prendre la contre-partie.

Le vers se sent toujours des *noblesses du cœur.*

Il reste, pour le vulgaire, le Chantre des *Amours*, Amours de Marguerite, Amours de Marie, Amours de Cassandre, Amours de Genèvre, Amours d'Hélène, et, après tout, ces titres pourraient suffire, car il a composé des vers immortels :

Mignonne, allons voir si la Rose...,

ou

Quand vous serez bien vieille...,

et, en ce faisant, il a aimé et vénéré la Femme en tant que Forme adorable et révélatrice de la Beauté, il a fait en même temps le Panégyrique de l'Amour.

Lorsque l'âge est venu, que la sagesse a succédé aux passions orageuses, il proclame encore les nécessités et la noblesse de l'Amour : cet Amour sera, pour la *Femme*, la vraie et simple affection, le respect quasi chevaleresque, comme seules ont su le proclamer la France et l'Italie; il sera, pour l'*Homme*, la solide et généreuse Amitié.

Ce poète si fier est, en même temps, capable de soumission empressée, de dévouement constant, de reconnaissance fidèle. Qu'on relise les vers qu'il consacre à ses *Amis*, aux poètes Belleau ou Du Bellay, Jodelle ou autres; aux *Hommes d'Etat*, Michel de L'Hospital ou de Thou; aux *Hommes de Guerre*, Montmorency ou Guise; aux *Rois* enfin, on verra que ce grand poète a d'autres titres, vis-à-vis de la postérité, que d'avoir chanté l'Amour et la Beauté. Il été un grand Caractère; il fut, avant tout, un grand Français, un noble Citoyen.

Dès les débuts de sa vie, à l'âge de douze ou quinze ans, il a connu le néant de la Gloire et de la Puissance, par les malheurs qui ont frappé sans cesse, autour de lui, le dauphin François, la reine Madeleine d'Ecosse, la reine Marie Stuart. Plus tard, la mort de Henri II, celle de François II, celle de Charles IX, les horreurs des guerres civiles pour prétexte de Religion, ont désolé et Paris, et le Vendômois, et la Touraine; enfin, il a vu partout l'étranger affluer pour s'enrichir de nos dépouilles, se repaître de nos souffrances et rêver notre anéantissement. Toujours il a su relever la tête.

A côté du *Poète de l'Amour*, il faut donc exalter en lui le *Poète de la Patrie*, ainsi que le *Chantre des Grandes Angoisses* ou *des Profondes Douleurs*.

A l'heure qu'il est, sa voix doit se faire entendre.

La France a besoin de lui

Elle a besoin de lui, pour se remettre de ses deuils et de ses ruines; elle a besoin de lui, pour garder sa foi en sa destinée, son espérance en des jours meilleurs.

Elle a besoin de lui, enfin, pour entendre la Voix de la Tolérance et de la Fraternité des Citoyens entre eux.

Après lui, comme avec lui, toutes les forces vives de la Nation doivent tendre vers un seul but : le Salut et la Grandeur de la Patrie, voulus et recherchés par tous, réalisés dans le cœur de tous et chacun, sous le rythme enchanteur du grand poète orphique que fut Ronsard.

Bien qu'il soit né au cœur de la France, le poète Ronsard, tant à Vendôme qu'à Paris et à Fontainebleau, a fait entendre, aux jours de gloire et de joie comme aux jours de deuils et d'angoisses, des accents tels que peu de nations en ont entendu de pareils.

Gloire à notre France immortelle!

Gloire à Ronsard!

C'est ce que le présent exposé va s'efforcer de démontrer.

Tour à tour nous examinerons la Vie, l'Œuvre et l'Art de Ronsard en France et les Souvenirs qui le rattachent à notre pays de Brie et Gâtinais.

Nous commencerons donc par la Vie du Poète.

IIe PARTIE

LA VIE DE RONSARD

Nous la diviserons en huit chapitres inégaux :

1er chapitre : Les Ancêtres et les Parents;
2e chapitre : La Jeunesse;
3e chapitre : Années d'apprentissage poétique;
4e chapitre : La Pléiade;
5e chapitre : Les Loisirs consacrés à Dionysos et à Eros;
6e chapitre : La Gloire éclatante;
7e chapitre : Les dernières Amours;
8e chapitre : La Vieillesse et la Mort.

CHAPITRE PREMIER

Ses Ancêtres et ses Parents

Selon les paroles mêmes du poète, Pierre de Ronsard serait né le 11 septembre 1524, près de *Couture*, au château de la Poissonnière ou de la Possonnière, situé au comté de Vendôme.

Son père était Louis de Ronsard et sa mère Jeanne de Chaudrier.

Nous allons examiner la valeur de ces assertions.

⁂

Quoi qu'il en ait dit, quoi que sa famille même en ait pensé et cru, Ronsard ne remontait pas à un marquis de Ronsard qui aurait existé sur les bords du Danube, dans la région de la Thrace.

Tous les Ronsard croyaient à cette fable, et Ronsard le Poète, n'était pas loin d'attribuer son génie poétique à l'influence de sa patrie d'origine. La Thrace n'avait-elle pas été le pays d'Orphée?

Aussi aurait-il volontiers chanté, comme plus tard André Chénier :

> Salut, Thrace, ma mère et la mère d'Orphée.

Le premier ancêtre français ne serait venu, selon lui, que sous Philippe de Valois.

En réalité, l'aïeul et les châteaux de Thrace ne sont que des rêves chimériques et ne valent guère mieux que châteaux en Espagne.

Les recherches modernes, celles de M. Henri Longnon surtout, ont prouvé qu'il y avait des Ronsard à Vendôme et dans le Vendômois, dès l'an mille.

⁂

Le père de Ronsard signait son nom avec un *t*. Mais ceci n'est qu'une réminiscence de la graphie médiévale. Au moyen âge, en effet, la consonne douce se durcit lorsqu'elle devient finale.

On écrit donc le *sanc* par un *c* et non par un *g*. Le fameux vers de *La Marseillaise* :

> Qu'un sang impur abreuve nos sillons !

consacre, par la prononciation, ce que le moyen âge accusait encore par l'orthographe.

D'ailleurs, ce qui prouve que ce *t* final n'est qu'un succédané d'un *d*, c'est que la branche italienne des Ronsard établis à Parme, s'appelle les *Ronsardi* et non pas les *Ronsarti*.

Donc, le vrai nom de Ronsard est avec un *d*, tout comme le nom de « Renard », avec son féminin « renarde ».

⁂

Les Ronsard de France sont seigneurs de la Poissonnière dès le XIVe siècle.

Dès le XVe siècle, ils sont « sergents fieffés », c'est-à-dire gardes forestiers et gardes-chasses héréditaires de la forêt de *Gâtine*.

Olivier de Ronsard, grand-père du poète, est échanson du roi Louis XI. Il meurt en 1493.

⁂

Le père de Ronsard, Louis de Ronsard, chevalier, était l'un des « mansionnaires » ou gentilshommes de la Mansion ou

Maison du Roi. On les nommait aussi : les Cent Gentilshommes de l'Hôtel. Ce sont des Gardes du corps du Roi. Louis entra dans cette garde en 1498, âgé de dix-neuf ans. Il servit Louis XII, François Ier et le dauphin François, qui mourut si jeune et dont il fut le maître d'hôtel. A vingt et un ans, Louis fut créé chevalier. Ce vieux guerrier avait pris part aux guerres d'Italie : Rapallo, Novare, Milan, Marignan. Il aura passé les monts vingt-deux fois.

Selon Jean Bouchet et selon Blanchemain, il serait né en 1469 et serait mort en 1544, âgé de soixante-quinze ans.

D'après M. H. Longnon, il serait né en 1479, c'est-à-dire dix ans plus tard.

De Louis de Ronsard, nous savons, de plus, qu'il fut otage et captif en Espagne, de 1526 à 1530.

A son retour, François Ier le nomma Maître de l'Hôtel des Enfants de France.

⁂

La mère du futur poète s'appelait Jeanne de Chaudrier. Elle était d'illustre origine, mais son histoire n'est qu'une suite de douloureuses circonstances. Descendante d'un Jean Chaudrier qui, en 1372, avait repris La Rochelle aux Anglais, apparentée aux La Trémouille, petite-nièce du maréchal Rouault, qui gagna la dernière bataille de la guerre de Cent Ans, à savoir celle de Castillon, en 1453, elle avait eu une enfance peu heureuse et une jeunesse pleine d'aventures. Orpheline, dépouillée par son oncle, Christophe de Chaudrier, mal gardée par sa grand'mère, elle se sauve à dix-sept ans avec un certain seigneur de La Rivière, Jacques de Fontbernier, qui semble avoir été séduit plus par la fortune que par la personne de la « jeune captive ».

Selon M. Laumonier, Jacques la garda et refusa de l'épouser; selon M. H. Longnon, ils se fiancèrent devant un prêtre et demeurèrent deux mois ensemble.

Il est probable que la version de M. Longnon est la seule admissible : le roi Louis XII, irrité, aurait exigé de Fontbernier une renonciation formelle à sa promesse de mariage.

Elle se maria à messire Guy des Roches, seigneur de La Basme, dont elle eut un fils, René.

Enfin, la belle et noble veuve épousa le chevalier Louis de Ronsard. Elle avait trente-cinq ans et son mari en avait quarante-sept.

Ils n'eurent pas moins de six enfants, dont deux moururent au berceau et dont le dernier des quatre autres fut le poète. Ces enfants survivants furent Claude, Charles, Louise et Pierre. Louise fut fille d'honneur de la reine Eléonore dès 1531, Charles fut d'Eglise et Claude fut gentilhomme de l'Hôtel. Pierre fut notre poète.

Mon père de Henri gouverna la Maison,
Fils du grand roi *François*, lorsqu'il fut en prison,
Servant de sûr otage à son père en Espagne :
Faut-il pas qu'un servant son seigneur accompagne,
Fidèle à sa fortune et qu'en adversité
Lui soit autant loyal qu'en la félicité?

Du côté maternel, j'ai tiré mon lignage
De ceux de la *Trémouille* et de ceux du *Bouchage*,
Et de ceux de *Rouaux* et de ceux de *Chaudriers* (1),
Qui furent, en leur temps, si vertueux guerriers,
Que leur noble vertu, que Mars rend éternelle,
Reprit sur les Anglais les murs de La Rochelle,
Où l'un de mes aïeux fut si preux, qu'aujourd'hui
Une rue, à son los, porte le nom de lui.

Un mot encore sur les frères et sœurs du poète.

Les « trois vivants » étaient : l'aîné Claude, mort en 1566; le second, Charles, plus tard abbé de Tiron; enfin une fille, Louise.

La sœur de Ronsard fut mariée, le 4 mars 1532, à François de Crevant (ou Crevent), seigneur de Cingé. Elle eut pour beau-frère Louis de Crevant (ou Crevent), abbé de la Trinité de Vendôme, en septembre 1509 (2).

M. Bellessort se demande si la fantaisie et la complexion amoureuse de Pierre de Ronsard n'étaient pas dues au tempérament maternel.

(1) *Chaudriers* compte pour deux pieds seulement.

(2) Anselme, *Seigneurs de Cingé, marquis et ducs d'Humières*, t. II, p. 767.

C'est là simple conjecture à laquelle nulle réponse ne peut être donnée, faute de renseignements. Le coup de tête de jeunesse peut n'être que la conséquence d'un violent désespoir. La première union, si courte, ne doit guère compter. Sur les deux autres, nous n'avons aucun souvenir du temps. Ce qu'il y a de plus probable, c'est que, tout comme son mari, elle a élevé son fils dans le goût de la gloire militaire. Elle parlait de La Trémouille et de Rouault; son mari parlait plutôt de Bayard.

Sans doute, Ronsard, dans ses écrits, parle très souvent de son père et fort peu de sa mère. Mais, s'il en parle peu, il en *parle*, — contrairement à ce qui a été répété, — et il en parle avec émotion, une seule fois, mais en fils aimant, dans sa *Prosopopée de Louis de Ronsard*, où l'on voit l'ombre de la morte songer aux tristesses et aux dangers qui accablent et menacent son fils resté dans le monde.

Tout ce que nous pouvons supposer, c'est que la mère du poète est morte vers 1540, c'est-à-dire quatre ans avant son mari.

CHAPITRE II

LA JEUNESSE

1° La Naissance

Pour notre poète, la date de la naissance le plus généralement acceptée est celle du 11 septembre 1524. Elle est contestée.

Il y a là des discussions chronologiques qui seraient sans intérêt s'il fallait les discuter toutes. Certaines, cependant, doivent être rappelées et résolues.

Pour Pierre de Ronsard lui-même, il naquit l'année où le roi François fut pris dans Pavie. Alors il faut admettre 1524 selon l'ancien style, 1525 selon le nouveau style, pour la date de cette bataille.

Mais, s'il te plaît avoir autant de connaissance
(Comme de mes aïeux) du jour de ma naissance,
Mon Belleau, sans mentir je dirai vérité
Et de l'an et du jour de ma nativité.

L'an que le roi François fut pris devant Pavie,
Le jour d'un samedi Dieu me prêta la vie,
L'onzième de septembre, et presque je me vis
Tout aussitôt que né *de la Parque ravi* (1).

Ce dernier vers est expliqué de la façon suivante dans la biographie de Claude Binet (textes de 1586 et de 1587). Le jour de sa naissance, on le porta du château de la Poissonnière à l'église de Couture, mais celle qui le porta le laissa tomber en traversant un pré. Il faillit mourir. L'herbe et les fleurs le reçurent doucement. Il y eut en somme plus de peur que de mal.

Ronsard prétend donc être né le samedi 11 septembre; or, le 11 septembre tomba un lundi et non un samedi en 1525. Selon M. Longnon, Pierre de Ronsard aurait mal lu la date consignée par son père. Il aurait pris pour 11 en chiffres arabes ce qui était II en chiffres romains. Enfin, par suite de la réforme grégorienne, il faudrait conclure que la bataille de Pavie eut lieu en 1525. En conséquence, Pierre de Ronsard serait né le samedi 2 septembre 1525.

La plupart des Histoires littéraires reportent la naissance de Ronsard en 1524, sans corriger l'ancien style. Seul, M. Henri Longnon, qui a, du reste, approfondi la question, maintient le 2 septembre 1525. C'est cette date qui, selon nous, est la seule vraie si l'on admet la lettre des vers de Ronsard.

2° Le Château de la Poissonnière

Le château natal s'appelle-t-il la *Poissonnière* avec un *i*, ou la *Possonnière* sans *i*. « Poissonnière » s'entendrait d'un lieu situé près du Loir et riche en poissons. « Possonnière » viendrait de « posson », mesure de capacité dont le nom est dérivé du latin *potio, potionem*, dont nous avons fait « potion » comme forme savante et « posson » comme forme populaire. Les gens instruits du XVIe siècle, comme Amadis Jamyn, pensent que le nom de la *Possonnière* est le plus ancien, mais ils constatent que, dès leur époque, *Poissonnière* avait prévalu dans le langage courant.

(1) *Elégie XVI* : A Remy Belleau.

Le château de la Poissonnière est encore debout.

Près du petit village de Couture, au pied d'un coteau qui borde la vallée du Loir, s'élève le château natal de Ronsard.

Dans son état actuel, c'est un grand bâtiment Renaissance, avec fenêtres à croisillons de pierre entre pilastres sculptés. Au milieu de la façade, une étroite tour polygonale sert de cage à l'escalier. En bas, une jolie porte avec fronton historié. Sous la frise, une inscription : *Voluptati et Gratiis* (A la Volupté et aux Grâces ou au Plaisir et à la Beauté).

Partout, à l'intérieur, nous retrouverons des inscriptions. Au-dessus des armes des Ronsard, la devise : *Non fallunt futura merentem* (L'Avenir ne manquera pas au Mérite).

Au-dessus de la cave, l'ironique devise stoïcienne, un peu étonnée de se voir là : *Sustine et Abstine* (Souffre et abstiens-toi, selon les stoïciens; Supporte la boisson et Fais-en abstinence, selon les francs buveurs.)

Au-dessus de la cuisine : *Vulcano et Diligentiæ* (A Vulcain, dieu du feu, et à l'Activité, « activité culinaire », bien entendu).

Au-dessus des fenêtres : *Avant de partir* (Avant de partir pour le grand voyage, profitons des brèves heures de la vie).

Dans le bois voisin, coule la fontaine Bellerie, qui fut, pour Ronsard, ce que fut, pour Horace, la source de Bandusie.

O Fontaine Bellerie !
Belle fontaine chérie
De nos nymphes, quand ton eau
Les cache au creux de ta source,
Fuyantes le satyreau,
Qui les pourchasse à la course
Jusqu'au bord de ton ruisseau.

3° Le Nom patronymique.

Sur leur nom, les ancêtres de Ronsard, Olivier et Louis, ont fait bien des jeux de mots destinés à créer des armes parlantes.

Tantôt on dérive Ronsard de « Ronce »; tantôt on l'écrit Rosard, et on l'apparente à la Rose; tantôt, on ne sait pourquoi, on veut que Ronsard vienne de « rosse », nom d'une variété de *gardons*. Si le nom de Ronsard vient de Rosse « gardon », alors il faut admettre pour le château la forme de « Poissonnière » (1).

4° Les armes des Ronsard

Les armes des Ronsard étaient « trois Roses posées en fasce » selon M. Henri Longnon, trois Poissons selon M. Gustave Cohen.

Celles de Jeanne de Chaudrier étaient « trois Chaudrons ».

Le château fut commencé sous Louis XII et terminé au commencement du règne de François Ier. La cheminée de la grande salle porte la salamandre de François Ier; elle est donc postérieure au 1er janvier 1515.

Les *L* et *F* fondus en un monogramme sont les initiales des rois Louis XII et François Ier.

5° Le Paysage dans le Vendômois.

Le paysage dans le Vendômois est à la fois pittoresque et varié, gracieux et charmant. Les accidents de la nature y sont peu marqués. C'est un vrai décor de tableau idyllique. Ronsard a chanté maintes fois cette nature harmonieuse, flexible et nuancée, où l'homme partout est le dominateur incontesté.

Il a célébré le *Loir*, plus lent, et la *Braye*, plus rapide. C'est le val du *Loir*, avec ses grottes creusées dans la roche, où laboureurs et vignerons vivent comme les antiques Troglodytes; c'est surtout le bourg de *Troo* avec ses falaises, ses terrasses taillées dans la pierre, ses antres mystérieux; c'est *La Chartre-sur-le-Loir*, dont les cavernes ont contenu des squelettes humains provenant des pieuses tueries au temps des guerres de Religion.

C'est le confluent des deux rivières, avec le joli moulin de *Saint-Jacques-des-Guérets*, avec le château de *Poncé*. Cette rencontre des deux vallons forme un site d'une grâce particulièrement délicate.

(1) D'après une note de M. Henri Longnon, le nom de Ronsard s'écrivait souvent *Rosard*, l'*n* étant remplacé par un accent ou trait au-dessus de l'*o*, conformément à la graphie des manuscrits et des inscriptions. Ces armes parlantes rendent impossible alors l'étymologie qui tirerait Ronsard de *Rosse*, sorte de poisson.

Aussi Ronsard avait-il rêvé d'y avoir son sépulcre. La Destinée ne le voulut pas. Il fut enseveli à Saint-Côme, au bord de la Loire, près Tours, et en face de Saint-Cyr.

Couture, Montoire, la Poissonnière, Thoré, Vendôme, telles sont les localités les plus fréquemment visitées par Ronsard : noms charmants, sites délicieux, qu'embellit encore le souvenir du grand poète.

C'est là surtout, ou à peu de distance de cet adorable Vendômois, qu'après les déesses de son imagination pleine de l'Antiquité, il a vu d'aimables inhumaines qui ont, plus encore que les premières, rempli ses plus belles œuvres, à savoir ses cinq livres d'*Amours*.

Sur le soir de sa vie, ce sera le prieuré de Croix-Val, non loin de la paroisse de Terray, à la croisée de deux vallons et dans le voisinage de l'ancienne forêt de Gâtine.

6° L'Enfance

Ses huit ou neuf premières années se passèrent à la campagne, dans ce délicieux pays du Vendômois, fait de collines et d'eaux claires, de bois et de prés, riche en poissons dans les rivières et les étangs, fécond en oiseaux dans les arbres, fertile en fruits de toute sorte. Dans cette terre d'abondance protégée par des châteaux fameux, comme ceux de Vendôme et de Lavardin où, le long du Loir ou de la Braye, des cavernes profondes semblent abriter des divinités tutélaires, le petit Ronsard, entre 1530 et 1534, voyait en songe flotter, indécises, nymphes et naïades, tout comme près de trois cents ans après, notre peintre Corot saura, aux brumes du matin, associer les danses légères des nymphes vaporeuses (voir son tableau au Louvre : *Une Matinée : La Danse des Nymphes*, année 1850).

Je n'avais pas douze ans, qu'au profond des vallées,
Dans les hautes forêts des hommes reculées,
Dans les antres secrets, de frayeur tout couverts,
Sans avoir soin de rien, je composais des vers.
Echo me répondait et les simples Dryades,
Faunes, Satyres, Pans, Napéës, Oréades,
Et le gentil troupeau des fantastiques fées,
Autour de moi dansaient à cottes agrafées...

Peut-être ici exagère-t-il sa précocité poétique; s'il ne composait pas encore de vers en belle et due forme, du moins, déjà dans son cerveau d'enfant s'amoncelaient, en riches trésors de réserve, les images et les sons et les bruits divers, les couleurs et les ombres et les atmosphères baignées de brumes lumineuses.

Bien souvent, il a lu ses auteurs favoris, grecs ou latins, sous les ombrages verts des arbres; tour à tour, la vision du paysage natal ou les images des poètes hantaient séparément son cerveau ou se confondaient dans un harmonieux mélange, mais, quand même il y aurait beaucoup de souvenirs d'Horace et de la fontaine de Bandusie, il est bien sensible, pour tout lecteur non prévenu, que les vers consacrés à la fontaine Belleric sont des vers pleins de fraîcheur qui ne se sentent point du fatras des livres.

Ecoute un peu, fontaine vive,
En qui j'ai rebu si souvent,
Couché tout plat dessus ta rive,
Oisif à la fraîcheur du vent.

Si sa demi-surdité, qui le frappa un peu plus tard, l'empêcha parfois d'entendre les voix humaines, il percevait d'autres voix autrement éloquentes : celles des eaux et des bois, des vallons et des prés. Ces voix, il les avait entendues dès sa tendre enfance.

Elles lui enseignaient des rythmes merveilleux; elles lui inspiraient une façon de peindre naïve et prime-sautière, pleine de fraîcheur et d'amabilité, que la poésie française allait oublier après lui. Elles lui conseillaient une langue variée, souple et riche, faite à l'image du terroir vendômois.

7° L'Adolescence :

L'Expérience douloureuse et précoce. — Le Page du Dauphin.

Après des études superficielles au collège de Navarre, à Paris, Pierre ne voulut plus entendre parler d'études : il avait dix ans.

Sa mère l'avait élevé virilement jusqu'à l'âge de cinq ans, pendant que son père guerroyait en Italie. Puis, à son retour de la guerre, Louis de Ronsard, revenu d'Espagne en 1530, s'occupa de l'éducation de son fils qu'il ne connaissait pas encore. Avec une mère qui ne parlait que de La Trémouille, un père qui ne jurait que par Bayard, certainement le goût des armes devait venir à l'enfant. *Il n'y manqua pas.* Placé comme page auprès du Dauphin, il ne le servit que quelques jours pour le voir mourir, alors qu'il fallait se préparer à la guerre. Ronsard avait douze ans.

Le dauphin François, né à Amboise le 28 février 1517, avait servi d'otage pour son père en Espagne lors de la mise en liberté conditionnelle du roi François Ier, le glorieux vaincu de Pavie. On devine les conséquences d'une captivité atroce sur un organisme aussi jeune.

Le père de Ronsard, vieux chevalier en crédit auprès des princes après quarante-cinq ans de services, obtint, en 1536, que son fils devînt page du jeune dauphin François, dont lui-même avait partagé l'exil en Espagne et qu'attendait une mort prématurée. Charles-Quint allait envahir la France : le roi partit pour Lyon, Montmorency dévastait la Provence pour forcer l'ennemi à une retraite désastreuse. Ronsard et son père rejoignirent le Dauphin à Tournon : six jours après, le 10 août 1536, le jeune prince mourait empoisonné, dit-on, par Montecuculli, son échanson. Comme on supposait qu'il y avait crime et que le crime provenait de la main des Impériaux, on procéda à l'autopsie du cadavre. Le petit page, qui n'avait que douze ans, assista à l'horrible opération!...

> Six jours devant sa fin, je vins à son service;
> Mon malheur me permit qu'au lit de mort je le visse...
> Je vis son corps ouvrir, osant mes yeux repaître
> Des poumons et du cœur et du sang de mon maître.

Quelques semaines après, en conclusion du drame, il assista en plus à l'écartèlement du supposé coupable.

8° Le Page du duc d'Orléans

Après cela, François Ier l'avait donné à son troisième fils, Charles, duc d'Angoulême, devenu duc d'Orléans depuis que le puîné, Henri, était devenu dauphin. Maître et page s'en allèrent en Provence. Puis, l'armée de Charles-Quint étant décimée par la peste et la famine, les fils du roi remontèrent vers Lyon. Alors arriva le roi d'Ecosse, Jacques V, venant offrir son épée au roi de France contre l'empereur Charles-Quint et lui demandant la main de Marie de Bourbon, fille du duc de Vendôme, Charles de Bourbon. Le roi combla d'honneurs ce généreux allié et il reprit avec son hôte le chemin de Blois. Pendant le voyage, Jacques V connut la sœur de François Ier, Madeleine de France, née en 1520 et déjà malade à tel point qu'elle ne pouvait monter à cheval. En dépit des conseils de France et d'Ecosse et des promesses arrêtées, Madeleine déclara qu'elle ne voulait pas d'autre mari que Jacques V, et le roi d'Ecosse oublia Marie de Bourbon-Vendôme, fille du suzerain direct des Ronsard.

Le mariage se fit à Notre-Dame, le 1er janvier 1537.

Le jeune Pierre de Ronsard vit, cette fois-ci, la Cour dans toute la splendeur des fêtes, alors que, six mois auparavant, il l'avait vue dans le deuil et l'angoisse. Il avait, en si peu de temps, trouvé le moyen de plaire à son maître, Charles, duc d'Orléans, qui, voulant témoigner de son affection à sa sœur Madeleine, lui offrit son jeune page.

9° Le séjour en Ecosse

Voilà donc notre Ronsard embarqué pour l'*Ecosse*.

La pauvre petite reine, déjà phtisique avant le mariage et le voyage, vit son mal s'aggraver sous le rude climat de l'Ecosse. Elle expira au bout de deux mois!...

Le roi d'Ecosse voulut garder auprès de lui le page favori de la jeune femme qu'il avait tant aimée. Un an après, le roi Jacques V, soit qu'il fût remis de sa douleur, soit que la nécessité politique le forçât à se remarier, épousait une seconde femme, Marie de Lorraine. Aux pleurs succédait la joie fébrile. Pour la deuxième fois, le petit page était témoin des vicissitudes de la fortune et de l'inconstance des sentiments humains.

Ronsard, durant son séjour en Ecosse, eut, comme compagnon et ami, un page un peu plus âgé que lui, nommé Paul Duc. Ce Paul Duc n'était autre que le frère de Philippe Duc, maîtresse du dauphin Henri, le futur Henri II. D'esprit cultivé, il eut une influence considérable sur la vocation poétique de Pierre. Il dut être son guide dans les excursions à travers les montagnes et son maître dans tous les exercices de cheval, d'escrime et de lutte, qui constituaient l'éducation d'un page accompli.

En Ecosse et en Angleterre, Ronsard rencontra probablement un autre jeune écuyer du Dauphin, Claude d'Humières, seigneur de Lassigny, envoyé en mission auprès du roi d'Ecosse.

A peine rentré en France, notre jeune page repart une autre fois, en 1538, en Flandre et en Ecosse, avec Lassigny, et il en revient en 1540. A son retour, Ronsard était nommé écuyer par son maître le duc d'Orléans, Charles de Valois. Mais placé par son père auprès des Enfants de France, dans le dessein de la *carrière des armes*, Ronsard est désormais poussé vers la *diplomatie*. Le duc d'Orléans envoie donc son jeune écuyer en mission avec Lazare de Baïf, qui partait pour l'Allemagne. Il s'agissait, pour le roi de France, de gagner à son parti les Protestants d'Allemagne. Une autre fois, Ronsard accompagne à Turin Guillaume de Langey, seigneur du Bellay, vice-roi du Piémont.

10° La demi-surdité

Soudain, une maladie maligne le frappa. Il est probable qu'il avait souffert du climat rigoureux de l'Ecosse, d'un naufrage qui avait failli lui coûter la vie; enfin, la marécageuse vallée du Loir favorisait les fièvres pernicieuses. Donc, ce jeune homme, si surmené par les voyages, était de constitution délabrée; le paludisme s'y ajoutant, il devint très malade.

D'abord, toute sa vie, il eut désormais des accès de fièvre tierce ou quartaine, des dyspepsies douloureuses, des rhumatismes articulaires; puis un empoisonnement du sang vint s'en mêler qui dura trois ans et ne disparut jamais complètement. Enfin, il fut frappé de surdité, ou plutôt de *demi-surdité*.

Il entendait encore, mais il n'entendait plus assez pour rester à la Cour. Inutile à Charles de Valois, il prit congé de lui dans le milieu de 1543. Cependant il ne renonça pas tout à fait à la Cour, mais resta à l'Ecurie, en qualité d'Ecuyer du Dauphin.

Toute sa vie de 1525 à 1543, Ronsard l'a très exactement résumée dans son *Elégie XVI*, adressée à Remy Belleau et à laquelle nous avons déjà fait allusion.

ELEGIE XVI

Je ne fus le premier des enfants de mon père,
Cinq d'avant ma naissance en enfanta ma mère :
Deux sont morts au berceau; aux trois vivants en rien
Semblable je ne suis ni de mœurs ni de bien.

Si tôt que j'eus neuf ans, au collège on me mène :
Je mis tant seulement un demi-an de peine
D'apprendre les leçons du régent de Vailly,
Puis, sans rien profiter du collège, sailly (1).

Je vins en Avignon, où la puissante armée
Du roi François était fièrement animée
Contre Charles d'Autriche, et là je fus donné
Page au duc d'Orléans ; après je fus mené. —
Suivant le roi d'Ecosse, — en l'Ecossaise terre,
Où trente mois je fus et six en Angleterre.

A mon retour, ce Duc pour page me reprint (2);
Longtemps à l'Ecurie en repos ne me tint
Qu'il ne me renvoyât en Flandres et Zélande (3),
Et depuis, en Ecosse, où la tempête grande
Avecque Lassigny, cuida faire toucher, —
Poussée aux bords anglais, — la nef contre un rocher.

Plus de trois jours entiers dura cette tempête,
D'eau, de grêle et d'éclairs nous menaçant la tête.
A la fin, arrivés sans nul danger au port,
La nef en cent morceaux se rompt contre le bord,
Nous laissant sur la rade, et point n'y eut de perte,
Sinon elle qui fut des flots salés couverte,
Et le bagage épars que le vent secouait
Et qui servait flottant aux ondes de jouet.

(1) Sortis.
(2) Reprit.
(3) Province de Hollande.

D'Ecosse retourné, je fus mis hors de page,
Et à peine seize ans avaient borné mon âge,
Que l'an cinq cent quarante avec Baïf, je vins
En la haute Allemagne...
Mais las ! à mon retour une âpre maladie
Par ne sais quel destin me vint boucher l'ouïe,
Et dure m'accabla d'assommement si lourd
Qu'encores aujourd'hui j'en reste demi-sourd.

L'an d'après, en avril, Amour me fit surprendre,
Suivant la cour à Blois, des beaux yeux de Cassandre.

CHAPITRE III

ANNÉES D'APPRENTISSAGE POÉTIQUE

1° Premières Etudes et premiers Vers.

Paul Duc et l'influence latine

Forcé d'abandonner les armes ou la diplomatie, il chercha à obtenir la gloire dans la poésie. En 1543, il recommença ses études. Il mit sept ans à les refaire.

Il les refit d'abord dans le sens *latin*, plus tard il se dirigea dans le sens *grec*.

***

Tout jeune d'ailleurs, s'il n'avait pas voulu mordre à la discipline des collèges et à la sévérité de l'internat entre quatre murs sombres, du moins, il avait appris beaucoup de choses comme en se jouant.

Son père et sa mère lui avaient parlé d'*histoires vraies*, concernant Bayard ou La Trémouille; mais sa mère surtout s'était complu à lui conter les *aventures des héros légendaires*, dont l'histoire se déploie dans les Tapisseries du XVe siècle ou dans les Miniatures. En outre, dès l'âge de six ans, il avait eu un précepteur qui paraît avoir été son oncle *Jean Ronsard*, archidiacre de Laval, lequel lui donnait le plus souvent ses leçons de latin en plein air, à l'ombre des bois, au bord des ruisseaux limpides. Virgile s'expliquait tout naturellement dans les prairies qui longent le Loir. Malheureusement, en 1535, l'oncle était mort, laissant à son neveu sa riche bibliothèque.

En 1536, au collège de Navarre où il était resté six mois, il avait fait connaissance avec Charles de Lorraine, le futur cardinal de Guise; mais les leçons du régent Vailly l'avaient rebuté. C'est alors qu'il avait dit adieu au collège et était entré comme Page auprès du Dauphin.

Pendant ses missions diverses en Ecosse, comme page ou comme secrétaire, il avait appris à lire Virgile et Horace avec Paul Duc, lequel composait en vers latins. A Hagueneau, profitant des relations de l'ambassadeur français avec les érudits protestants, Ronsard commence à entendre parler des historiens grecs.

2° Les Humanités : Daurat et l'Influence grecque.

Il comprit, à son retour en France, qu'il lui fallait refaire méthodiquement ses études. Le père de Ronsard était mort en 1544. A la même date, Daurat entrait comme précepteur chez l'ambassadeur Lazare de Baïf pour enseigner le grec à son fils Antoine de Baïf.

Depuis trois ans, Ronsard étudiait sous la direction de Daurat. Lazare de Baïf étant mort en 1547, Daurat dut chercher d'autres moyens d'existence; il devint Principal du collège Coqueret, sur l'emplacement de l'actuel collège Sainte-Barbe. C'est là que Ronsard termina ses études; mais à Baïf fils s'étaient adjoints d'autres membres de la future Pléiade, à savoir surtout Joachim Du Bellay, rencontré en 1547.

Sous la direction de Daurat, Ronsard avait étudié l'antiquité à fond et, pendant ses dernières années de collège, il avait établi avec ses amis les principes d'une nouvelle Ecole littéraire, dont il devint le chef. Cette période de formation avait duré exactement dix ans.

D'Ecosse retourné, je fus mis hors de page,
Et à peine seize ans avaient borné mon âge,
Que l'an cinq cent quarante avec Baïf, je vins
En la haute Allemagne; où dessous lui j'apprins

Combien *peut* la VERTU (1); après, la maladie,
Par ne sais quel destin me vint boucher l'ouïe,
Et, dure, m'accabla d'assommement si lourd
Qu'encores aujourd'hui j'en reste demi-sourd.

L'an d'après, en avril, Amour me fit surprendre,
Suivant la Cour à Blois, des beaux yeux de Cassandre.
Soit le nom faux ou vrai, jamais le Temps vainqueur
N'effacera ce nom du marbre de mon cœur.

Convoiteux de savoir, disciple je vins être
De Dorat à Paris, qui sept ans fut mon maître
En grec et en latin; chez lui premièrement
Notre ferme amitié prit son commencement,
Laquelle dans mon âme à tout jamais, et celle
De notre ami Baïf, sera perpétuelle.

Grâce à Daurat, Ronsard apprit que pour savoir quelque chose, principalement en poésie, « *il ne fallait plus puiser aux rivières des Latins, mais recourir aux fontaines des Grecs* ».

Nous verrons bientôt quel fut le programme de la réforme proposée en Poésie par Ronsard et la Pléiade.

Auparavant, revenons encore sur quelques-uns de ces vers si pleins de fraîcheur que lui inspirait déjà la terre natale aux approches de Couture.

3° Influence du pays natal

Son inspiration n'est pas puisée aux seuls livres des Anciens; elle est le plus souvent suggérée ou ravivée par le frais paysage vendômois.

Pour se distraire de l'étude des livres, il aime humer l'air pur des bois.

Je n'avais pas quinze ans que les monts et les bois
Et les eaux me plaisaient plus que la cour des rois,

(1) La *Vertu*, c'est pour Ronsard : 1° le *travail* poétique ou érudit, ou 2° le *mérite*, ce que les Italiens appellent la *virtù*. Ou plutôt, c'est 1° la *force d'âme*, le *courage*, comme dans Corneille et dans Racine, mais appliqué plus spécialement chez Ronsard au labeur poétique ; 2° le *mérite* acquis par la pratique du bien.

La honte...
Arrête leur désordre et leur rend leur vertu.
(CORNEILLE, *Le Cid*, IV, III.)

Et les noires forêts épaisses de ramées,
Et du bec des oiseaux les roches entamées;
Une vallée, un antre en horreur obscurci,
Un désert effroyable était tout mon souci.

Ce désert effroyable n'était pas sans d'heureuses compensations.

Mais ne bougeons d'ici, cet ombrage est bien frais,
Et bien frais est le vent qui vient de ces forêts,
Bien doux est ce ruisseau, bien douces ces bergères
Qui *dégoisent* (1) leur chant auprès de ces fougères.

C'est un vrai décor d'églogue virgilienne.

Lorsque venait le crépuscule, il rentrait au manoir paternel en passant par les prés humides de COUTURE. A travers le brouillard montant du sol et s'étalant entre les grisards et les aunes, il croyait apercevoir d'ondoyantes formes blanches.

Il s'arrêtait :

Afin de voir au soir les Nymphes et les Fées
Danser dessous la Lune en cotte par les prées...
J'allais après la danse et, craintif, je pressais
Mes pas dedans le trac des Nymphes, et pensais
Que, pour mettre mon pied en leur trace poudreuse,
J'aurais, incontinent, l'âme plus généreuse.

CHAPITRE IV

LA BRIGADE OU LA PLÉIADE

Ses Théories sur la Réforme de la Poésie.

Avec Marot, la langue manquait d'élévation, la poésie était sans grande envolée, sans ampleur, sans rythme harmonieux. Le besoin d'une Réforme radicale de la Poésie était ressenti de tous côtés. Ronsard et ses amis conçurent l'audacieux dessein de renouveler la Poésie française. Leur

(1) Gazouillent.

groupe s'appela d'abord modestement la *Brigade*. Ils voulaient en faire une *brigade d'assaut* contre les fauteurs de l'ancienne poésie. Puis, comme ils étaient sept (en comptant Daurat), ils prirent parfois plus orgueilleusement le nom de *Pléiade*, par allusion aux sept étoiles de la constellation ainsi appelée. Ces premiers adhérents furent donc Ronsard, Baïf et Daurat, Du Bellay, Belleau, Jodelle et Pontus de Thyard. Il y en eut d'autres, dont, par exemple, Bertrand Berger de Montembeuf, joyeux compère rabelaisien.

Un même amour de l'antiquité animait tous ces jeunes poètes : ils étudiaient la poésie grecque et, à l'exemple de cette dernière, ils décidaient d'instaurer en France la grande Poésie et de renouveler tous les Genres.

Le premier manifeste qui parut au titre de la Pléiade est *La Défense et Illustration de la langue française* (1549). Il eut pour rédacteur Joachim Du Bellay, mais Ronsard, le véritable chef de l'école, en fut l'inspirateur. Sans doute, il s'agissait de *défendre* la langue française contre l'envahissement du grec et du latin adoptés par les humanistes, et de l'*illustrer*, c'est-à-dire de l'enrichir; mais, en outre, la Pléiade, dans ce petit livre, cherche réponse à toutes les questions qui concernaient le renouvellement de la Poésie française.

D'ailleurs, la Préface de l'*Olive* de Du Bellay (1549), l'*Abrégé d'Art poétique* de Ronsard, paru en 1565, nous permettent d'embrasser au complet les théories de la Pléiade.

Ces principes peuvent être ramenés à sept :

1° *Il faut rétablir la véritable notion de la Poésie.* La Poésie n'est pas un délassement ingénieux ou un exercice de patiente industrie : la Poésie est un feu sacré. Le poète n'est pas un courtisan ni un jongleur, c'est un *vates*, un inspiré.

2° *Nous sommes capables de réaliser la grande Poésie.* La poésie s'est abaissée, soit parce que la Muse est devenue la servante des Cours, au lieu d'être la Prophétesse sacrée annonçant la vérité. Nos humanistes ont contribué à cette décadence en dédaignant le français pour écrire en latin. Nos poètes se sont perdus dans les subtilités de la rhétorique et les complications du vers et de la rime.

3° *Il faut renouveler l'inspiration et rouvrir la source antique*, si nous voulons réaliser la Poésie sacrée.

Les sources du moyen âge étaient peu abondantes et leur cours est tari. La source antique est débordante et inépuisable.

Donc renonçons à la littérature du moyen âge et introduisons les littératures antiques, non pas sous forme de traduction, mais d'*imitation* ou d'*adaptation*.

4° *Il faut rénover les genres* en remplaçant les petits genres du moyen âge, tels que ballades, virelais et chants royaux, par les grands genres connus des Anciens, tels que l'épopée, la tragédie et l'ode, — enfin le sonnet, que Pétrarque, par son génie, a porté à la dignité des grands genres.

5° *Il faut renouveler le style poétique* par des expressions plus riches, telles que la métaphore et la comparaison, l'allusion et la périphrase. La mythologie offre une réserve d'épithètes et de périphrases poétiques heureuses et brillantes.

6° *Il faut renouveler la langue.* Parlons français et non pas latin. Mais comme le français est pauvre, il faut l'enrichir. On l'enrichira en créant des mots nouveaux, par *composition* (aigre-doux), par *dérivation* (nouveau, nouvelet), par *provignement* (de verve on tirera *verver*).

7° *Il faut renouveler les rythmes, la poésie*, en créant des rythmes plus amples, en rétablissant l'alexandrin; en assouplissant ou en élargissant les entraves qui paralysent le vers.

Le Manifeste de Joachim Du Bellay opposait la nouvelle école à celle de Marot. Les disciples attardés de Marot voulurent attaquer Ronsard et Du Bellay. Ronsard ayant fait paraître en 1550 son livre des *Odes*. Ils furent promptement vaincus.

Melin de Saint-Gelais, partisan de l'école précédente, voulut devant la Cour parodier une des odes de Ronsard, en la débitant sur un ton ridicule. Marguerite de Savoie, la sœur de Henri II, lui arracha le livre des mains, et, relisant la pièce avec la ferveur voulue, elle fit partager son admiration à tous les assistants.

La réforme prônée par Ronsard répondait trop bien à l'attente générale pour ne pas triompher immédiatement.

Il y aurait, bien entendu, plusieurs observations critiques

à faire au sujet du succès plus ou moins complet de la réforme cherchée par la Pléiade.

Disons que deux sortes de circonstances ont quelque peu paralysé la parfaite évolution souhaitée : 1° les troubles amenés par la disparition tragique ou prématurée de trois rois : Henri II, François II, Charles IX et les horreurs des Guerres Religieuses, dont Ronsard ne vit pas la fin; 2° le génie français n'a pas alors encore pleine conscience de ses forces et n'est souvent qu'en apprentissage lorsqu'il veut s'essayer à la haute poésie.

Toutefois, il est désormais un fait incontestable : la Poésie française, de maigre, sèche et à court de souffle qu'elle était encore avec Marot, prend étoffe, dignité et haute envolée avec la Pléiade d'abord, avec Ronsard surtout, le vrai poète du groupe.

Il n'a pas voulu parler grec ou latin, ou même italien, en français.

Alors qu'autour de lui, des poètes savants, ou plutôt des versificateurs habiles, s'efforcent de composer en grec ou en latin ou en italien, il proclame la différence qu'il y a entre un poète et un versificateur : c'est « la même qu'entre un bidet et un généreux coursier de Naples »; il rappelle souvent que si la Prose est la langue des Hommes, la Poésie est la *langue des Dieux*, et que cette dernière ne doit être réservée qu'aux rares élus touchés de l'aile de la Muse; il supplie donc le Poète, vraiment né, de composer en sa *langue maternelle.*

Bref, il n'a renvoyé le Poète à l'Antiquité, que pour y puiser de grands sujets et, après méditation personnelle, les faire siens et vraiment français. C'est auprès des Maîtres qu'il faut apprendre; puis, le métier connu, à son tour il faut devenir maître.

C'est avec justice que Sully Prudhomme, parlant de Ronsard, dit, entre autres choses :

> J'aime ta passion d'antique poésie
> Et cette téméraire et sainte fantaisie
> D'être un nouvel Orphée aux hommes nés trop tard.

Sur ce point incontesté, Ronsard est le plus grand des lyriques français avant Victor Hugo, et, même lorsqu'il chante ses amours les plus personnelles, il a su ennoblir sa pensée en l'imprégnant partout du plus pur parfum de la poésie antique.

Il a su rester français de son pays, homme de son temps de la Renaissance, tout en mêlant à ses pensées des souvenirs de la Grèce et de Rome, nos aïeules intellectuelles.

Ce grand poète a, dès ses débuts, chanté l'Amour sur la Lyre aux sept cordes.

CHAPITRE V

LES LOISIRS CONSACRÉS A DIONYSOS ET A EROS

Ronsard, au contact de la belle et lumineuse littérature grecque, n'a point l'esprit morose. Au sortir des livres, il aime les parties joyeuses.

1° Les folles journées et les belles beuveries

Ronsard, jeune homme, a chanté l'ivresse de la liberté et du grand air, en même temps que l'extase poétique.

Son *Folatrissime Voyage d'Hercueil* (1) en est une preuve.

L'expédition eut lieu en juillet 1549 : Ronsard avait donc vingt-cinq ans, heure des folles équipées.

Ils s'échappent du collège, réveillant le portier :

Sus, Abel, ouvre la porte
Et qu'on porte
Devant ce troupeau divin,
Maint flacon, mainte gargouille,
Mainte andouille,
Eperon à piquer le vin.
....

Le long des ondes sacrées,
Par les prées,

(1) Hercueil : Arcueil, près Paris.

Ombragés des saules verts,
A l'envi des eaux jasardes,
Trépillardes,
Vous chanterez mille vers.
....

Mais, assez de délire poétique, revenons à la truculente réalité.

En lieu de telles merveilles,
Deux bouteilles
Je prendrai sur mes rognons,
Et ce hanap à double anse
Dont la panse
Fait broncher mes compagnons.

Puis vient le défilé des joyeux drilles : René d'Urvoy. Julien Peccate, Nicolas Denisot « comte d'Alcinoys ».

Voyez Urvoy qui enserre
De lierre
Un flacon gros de vin blanc,
Lequel, porté sur l'épaule
D'une gaule,
Lui pendille jusqu'au flanc.

Je vois derrière Peccate
Qui se hâte
De l'épuiser jusqu'au fond,
Mais Urvoy qui s'en courrouce
Lui repousse
Le flacon contre le front.

A voir de celui la mine
Qui chemine
Seul parlant à basse voix,
Et à voir aussi la moue
De sa joue,
C'est le comte d'Alcinoys.

Je le vois comme il galope
Par la troupe,

Un grand âne sans licol ;
Je le voy comme il le flatte
Et lui gratte
Les oreilles et le col.

Et tous de s'élancer par delà la Bièvre, pour aller allumer la cuisine, dresser les tables, manger le repas délicieux — et boire quelques pots. C'est alors que Ronsard, par neuf fois, boit à Cassandre, pour honorer chacune des neuf lettres de son nom.

Il eut d'autres passions, autrement plus profondes : à savoir les *Amours*.

2° Les Amours de Jeunesse

Marguerite — Cassandre — Marie — Sinope et Genèvre.

Ronsard n'avait que vingt-sept ans que, déjà, il pouvait défier Olivier de Magny de compter le nombre de ses amours.

Compte d'un rang premièrement,
Deux cents que je pris en Touraine;
De l'autre rang secondement,
Quatre cents que je pris au Maine.

Compte, mais jette prés à prés
Tous ceux d'Angers et de la ville
D'Amboise et de Vendôme après,
Qui se montent à plus de *cent mille*.

Compte après *six cents* à la fois,
Dont à Paris je me vis prendre,
Compte *cent millions* qu'à Blois
Je pris dans les yeux de Cassandre.

Voilà une énumération digne du « Menteur » de Corneille.

Il est inutile de chercher la vérité, sous pareilles hyperboles. D'ailleurs le dernier vers montre bien que Ronsard s'amuse de notre effarement.

La seule constatation à faire, c'est que notre région ne paraît pas lui avoir été propice; pourtant, à Fontainebleau, la Cour était riche en belles « Demoiselles », les allées ombreuses du parc n'étaient pas sans séductions tentatrices. Les dames de Fontainebleau et d'Avon étaient sans doute plus vertueuses ou plus dédaigneuses que celles des rives du Loir. Enfin, passons.

Des seules amours à retenir dans sa jeunesse, il n'y a que celles qu'il a chantées nominativement. Elles sont au nombre de cinq ou six.

⁂

A Couture ou aux environs, Ronsard eut quelques amourettes sans conséquences : il s'agissait tantôt de *Rose*, tantôt d'une folâtre *Macée*, tantôt d'une malicieuse *Denise*. A Paris, l'étudiant du collège Coqueret, pour se distraire un peu de ses auteurs grecs, fait inviter à quelque beuverie aimable, *Marguerite* avec son luth et *Jeanne* « aux beaux cheveux tors ».

Ce sont là plaisirs faciles qui n'ont guère de prise sur le cœur, ni sur l'imagination.

⁂

I. *Marguerite*

Des amours qui comptent comme ayant réellement enchaîné pour un temps l'humeur vagabonde de Ronsard, il y a d'abord *Marguerite.*

Elle habitait au bord d'une rivière et notre poète tournait autour d'elle, croyant l'enlacer plus sûrement par de longs et savants travaux d'investissement. Peut-être tergiversa-t-il trop longtemps : un archer vint à passer qui devança le poète et épousa la jeune « perle », car Marguerite, *Margarita,* veut dire « perle ». Ronsard fut d'abord assez dépité, puis, loin de se décourager, il se reprit, recommença ses approches et, finalement, la place capitula.

> Mon Dieu, que j'aime à baiser les beaux yeux
> De ma maîtresse, et à tordre en ma bouche
> De ses cheveux l'or fin.

Mais pendant que notre amoureux se délectait par avance du larcin d'une boucle d'or, un cavalier survint qui prit la femme en croupe et l'emporta au galop. C'était le mari!

Ce « centaure » jaloux fit à sa femme de sanglants reproches. Alors, la dame, lasse d'être querellée par son mari, lasse d'être aimée par son ami, finit par informer Ronsard de son intention de rompre. Tout en faisant de hauts cris, notre gentilhomme se résigna.

Ceci se passait vers 1544-1545.

***

II. *Cassandre*

Il se résigna, parce qu'il avait jeté ses filets autre part. Cette fois, c'était vraiment morceau de roi, pièce de dieu, régal de poète.

Il est ici question de *Cassandre.*

Pendant longtemps, les critiques, même M. Brunetière, n'avaient voulu voir en Cassandre qu'une fiction poétique, une « Iris en l'air ». M. Henri Longnon a prouvé sa réalité humaine et historique. La nouvelle conquête n'était autre que Cassandre Salviati. Voici comment l'aventure prit son origine.

La Cour quitta Romorantin le 20 avril 1545, pour aller à Blois, où elle arriva le 21. Ce jour-là, François Ier reçut les seigneurs des environs. Par une belle journée de printemps, il y eut chants et danses et les pages du roi dansèrent avec les filles des châtelains. Au milieu d'une centaine de demoiselles belles à plaisir, Ronsard, qui n'avait pas vingt ans, distingua une jeune fille de quatorze à quinze ans. Elle avait des cheveux noirs, des yeux sombres et doux, un teint brun mat d'Italienne. Elle dansait admirablement; elle jouait du luth. Elle s'appelait *Cassandre Salviati* et était l'une des filles de Bernard Salviati, seigneur du château de Talcy, aux environs de Blois, et banquier illustre. Originaire de Florence, Bernard Salviati était venu en France au commencement du siècle, pour y exercer le commerce de l'argent. Il possédait le château de Talcy depuis 1517, avait épousé une Française, dont il avait eu deux fils et deux filles, ces dernières se nommant Marie et Cassandre. Comme banquier, Salviati avait prêté de l'argent au Roi, au retour de la captivité de Madrid.

Le 23 avril, la Cour quitta Blois pour retourner à Romorantin. Ronsard dut en faire autant. Quatre ans se passèrent sans qu'il revît Cassandre. Mais désormais cette belle image ne cessait de hanter ses rêves. Il aimait à lire le *Canzoniere* de Pétrarque, et tous ces sonnets ardents du maître italien pour la belle Laure de Noves ne le faisaient que davantage songer à Cassandre Salviati.

En 1549, le poète Du Bellay faisait paraître son *Olive*, recueil de sonnets d'amour courtois en l'honneur de Mlle de Viole. Les de Viole sont connus dans la Brie. Ils possédaient, au nord de Melun, le fief d'Andrezel, près Champeaux. Une dame de Viole a donné à Saint-Etienne-du-Mont la célèbre verrière de la *Parabole des Conviés*. Une Marie Viole fut abbesse de Faremoutiers deux fois, l'une en 1567-1570, l'autre en 1570-1571.

Donc, grâce à Joachim Du Bellay, pour la seconde fois, en langue française, tout un recueil était consacré à une *Dame*, à l'imitation du *Canzoniere* de Pétrarque, la première ayant été consacrée par Maurice Scève à *Délie*.

La *Délie* de Scève est-elle une *Idée* pure (car *Délie* est l'anagramme de *l'Idée*); *Olive* est-elle une fiction ou un portrait de Mlle de Viole (car *Olive* est l'anagramme de *Viole*), ou sont-elles des réalités?

Quoi qu'en aient écrit les diverses écoles de critiques, la vérité nous semble résider dans un juste milieu. Oui, *Olive* est un portrait d'une réelle *Viole*, tout comme *Délie* est une image d'une chère Idée, d'une femme idéale rêvée. Les poètes, tout comme les peintres, partent du réel pour le perfectionner et l'idéaliser; tantôt, au contraire, ils s'élancent d'un seul bond sur les cimes, créant un modèle sans pareil, puis redescendent sur terre, cherchant dans la réalité quelque beauté leur rappelant cet idéal désespérant et inaccessible : tour à tour, ainsi, ils réalisent l'Idéal ou ils idéalisent le Réel.

En vérité, tous ces portraits poétiques sont un mélange de *réel* et de *fiction* en tant qu'objet de la pensée amoureuse, mais la pensée du poète amoureux est bel et bien *réelle*. Comme l'a si bien dit M. Brunetière : « On aime la femme que l'on peut et on la pare des perfections qu'on lui prête sur le modèle de celle que l'on n'ose aborder. »

Il est bien certain que ces poètes, chantres de l'Amour,

ont été amoureux; il est non moins certain qu'ils n'ont jamais déclaré en paroles le quart de ce qu'ils pensaient tout bas ou songeaient en vers. Il est également certain que ces grandes amours d'artistes sont des amours de tête et d'imagination, où les rêves impossibles du poète sont encore renforcés, embellis, haussés par les rêves analogues des grands poètes précédents dont ils font leur lecture.

Nier la réalité de Cassandre Salviati, c'est repousser les preuves fournies par l'histoire; mais il n'est pas moins vrai que Ronsard a confondu en elle celle qu'il avait vue de ses yeux menteurs d'amoureux et celle que ses rêves de poète, non moins trompeurs, avaient imaginée.

Il en est de même de l'*Olive* de Joachim Du Bellay : la première édition de 1549 contient cinquante sonnets; la seconde, datée de 1550, en renferme déjà cent quinze. Il est bien entendu que ce surplus est la conséquence d'un travail de « remplissage » poétique.

D'un objet élevé, moyen ou vulgaire, les poètes ont éprouvé une passion réelle. De cette passion réelle, leur imagination a, par combinaisons poétiques, tiré une image plus belle encore. Tout comme le peintre qui, d'après une photographie, s'efforce d'obtenir un portrait plus vivant, plus significatif et plus beau.

Mais trêve aux considérations esthétiques.

⁂

Ronsard était *amoureux;* il était bien plus encore *Poète.* Au succès obtenu par le Recueil de Du Bellay, Ronsard craignit de perdre la faveur des lettrés et de la Cour. Heureusement que les sentiments du livre de Du Bellay étaient trop éthérés et semblaient s'adresser à une dame un peu bien abstraite.

Soit passion du cœur, soit orgueil de poète, Ronsard sentit qu'il fallait laisser les songeries livresques, les poètes de l'antiquité aussi bien que les sonnets pétrarquistes, pour aller à la recherche du Réel.

Il retourna donc dans son cher Vendômois. Cassandre, qu'il avait dû revoir dans l'intervalle chez des parents de la jeune fille, n'était plus à Talcy. Dès le 23 novembre 1546, un an et deux mois après la rencontre avec Ronsard, elle était mariée à un seigneur Jean de Peigné, possesseur du fief et du château de Pré, sur les bords du Loir, beaucoup plus près de la Poissonnière que Talcy.

C'est « dedans un pré » qu'il revit sa belle. Elle avait dix-huit ans :

Dedans un pré, je vis une Naïade
Qui, comme fleur, marchait dessus les fleurs.

Et, chose qui plaira aux belles Dames et gentes Demoiselles d'aujourd'hui, Cassandre portait des cheveux courts sur la nuque, à savoir ce duvet amusant que Ronsard, dans sa langue, appelle « poil folleton ».

Il a retrouvé sa maîtresse grandie, et, dans sa joie, il s'exclame :

Naissez, fleurettes...
Cassandre, qui tant leur ressembles,
Tu *crois* comme elles, ce me semble,
Et ton *petit poil* (1) accourci
S'allonge en fil d'or avec l'âge...

C'est peut-être une étrange manière de parler à une noble dame et mariée, mais au moins quand Boileau prétend que la Muse de Ronsard en français parlait grec et latin, il semble qu'il n'a pas lu les nombreux passages de ce genre (2).

Pourquoi Ronsard n'avait-il pas pris les devants? Vraiment, comme nom et comme fortune, il avait d'autres droits à la main de Cassandre que le petit seigneur de Pré. Nous ne le savons pas. Probablement, ne tenait-il pas à enchaîner trop tôt sa vie.

Les amours de Cassandre et de Ronsard ne furent que de jolis *Jeux Dangereux*. La belle restait à la fois attirante et distante. Ils parcouraient les prés, cueillant des fleurs, ou bien, graves et songeurs, ils s'asseyaient au bord du Loir ou à l'orée d'un bois, elle, jouant du luth ou tissant de la soie d'or; lui, lisant ses vers ou contemplant ce frais visage. Ils s'amusaient comme des enfants. Ils escaladaient les collines,

(1) Petits cheveux.
(2) Ni le *Folatrissime Voyage d'Hercueil.*

s'enfonçaient dans les bois, visitaient les antres, faisaient des parties de bateau sur le Loir ou couraient, dans une folle ardeur, le cerf et le sanglier.

D'une de ces parties sur la rivière, fertile en marais, la jeune femme contracta une fièvre intermittente. Sa vie fut en danger, mais elle coucha dans le propre lit de Ronsard, pendant que le pauvre amoureux guettait anxieusement les alternatives de fièvre et de frisson. Elle s'en remit. De cette étroite intimité, de ces tendres soins, Ronsard crut avoir occasion de s'enhardir. La belle ne répondait à tous ses soupirs que par une désespérante amitié, d'ironiques sourires. Et cependant, fière d'être chantée par le Poète, elle n'aspirait nullement à la rupture. Cela dura jusque vers 1554.

⁂

Quand on relit ses vers, on croit tout d'abord que Ronsard a tout de même eu lieu de n'être pas trop mécontent de Cassandre : il semble qu'il en ait reçu mille baisers, mille caresses. En réalité, ces pièces plus hardies, parfois trop hardies, sont des adaptations, des transpositions d'odes alexandrines ou latines. De plus, elles ne sont accompagnées d'aucune indication de personne. Dans ce Recueil théoriquement consacré à *Cassandre*, apparaissent des poèmes dédiés à *Marguerite*; d'autres, ceux dont nous venons de parler, sont franchement anonymes.

... Si de fortune, une belle Cassandre
Vers moi se fût montrée un peu courtoise et tendre,
Un peu douce et traitable, et soigneuse à guérir
Le mal dont ses beaux yeux dix ans m'ont fait mourir,
Non-seulement du corps, mais, sans plus, d'une œillade
Eût voulu soulager mon pauvre cœur malade,
Je ne l'eusse laissée, et m'en soit à témoin
Ce jeune enfant ailé qui des amours a soin.
Mais voyant que toujours elle marchait plus fière,
Je déliai du tout mon amitié première,
Pour en aimer une autre en ce pays d'Anjou,
Où maintenant Amour me tient sous le joug.

Telles furent dans leur juvénile fraîcheur, mais aussi leur

gravité triste, les amours, toutes platoniques, de Cassandre Salviati et de Pierre de Ronsard.

***

Autant du moins que le permet le *Recueil des Amours* avec toutes ses contradictions.

Tantôt, en effet, le poète semble s'être rassasié des baisers, des caresses, des enlacements de Cassandre; tantôt, au contraire, il proclame bien haut son désir de ne l'aimer que d'un amour honnête et pur.

En réalité, soit par dessein bien arrêté d'auteur, soit par malice d'amoureux dépité ou machiavélique, Ronsard mélange des sonnets de toute nature. Pour les critiques, comme pour nous, il y a plusieurs parts à faire de ce Recueil.

Voici des vers douloureux où apparaît déjà la résignation à l'abandon :

Voici le bois que ma sainte angelette
Sur le printemps anima de son chant;
Voici les fleurs où son pied va marchant,
Lorsque pensive, elle s'ébat seulette...

Ici chanter, là pleurer je la vy,
Ici sourire, et là je fus ravy
De ses beaux yeux, par lesquels je dévie;

Ici s'asseoir, là je la vy danser :
Sur le métier d'un si vague penser
Amour ourdit les trames de ma vie.

Il en est d'autres qui éclatent comme une fanfare de triomphe.

***

L'influence de Cassandre prouva sa rare qualité : De cet adepte de l'*amour sensuel*, elle fit un servant d'*amour courtois*.

Ce ne fut pas d'ailleurs sans protestation.

Le temps s'en va, le temps s'en va, ma Dame ;
Las ! le temps, non, mais nous nous en allons.

Et tôt seront étendus sous la lame,
Et des amours desquelles nous parlons
Quand serons morts n'en sera plus nouvelle.
Pour ce (1) aimez-moi, ce pendant qu'êtes belle.

Mais la belle restait sourde à ces plaintes ou à ces promesses mal déguisées.

Le séjour de Cassandre à la Poissonnière avait été la dernière joie et la dernière souffrance de Ronsard. L'amant rebuté avait des fureurs sombres et parlait bien souvent de l'oublier; mais, en lui, subsistait le Poète, qui voulait achever l'œuvre d'*amour courtois,* le beau livre de vers qu'il avait commencé.

Donc, séparé d'elle, soit par ses fonctions de poète courtisan, soit par cette carrière demi-ecclésiastique qui l'appelait à visiter ses bénéfices, soit par la chaste fierté de Cassandre, Ronsard ne continua pas moins de la chanter.

Mais un deuil profond enveloppait son âme.

⁂

Alors, il avait perdu son temps? Mais non, bien loin de là.

Avant 1545, il s'était enrichi d'érudition antique, mais il restait, selon son expression,

Morne de corps, et plus morne d'esprit.

Ces amours avec Cassandre avaient renouvelé tout son être. Ces libres ébats avec cette jeune femme-enfant, si naïve et si malicieuse, si coquette et si réservée tout à la fois, l'avaient contraint à ne plus chercher en elle les seuls attraits physiques, mais le charme souverain de la Beauté, la puissance d'une passion plus pure.

A force de fréquenter Cassandre et de relire Pétrarque, il voyait bien qu'il n'y avait pas sur terre que le seul Amour sensuel et que, surtout en Poésie, il y avait autre chose que cela.

A Coqueret, sous la direction de Daurat, en même temps qu'il lisait Pétrarque, il étudiait Platon et se complaisait à la Théorie du Sublime Amour, telle qu'elle est exposée dans le *Banquet* et le *Phèdre*. Les choses d'ici-bas, si belles soient-

(1) L'*e* muet de *ce* s'élide devant *aimez*.

elles, ne sont que les ombres ou les apparences décevantes des Réalités supérieures. Ce que Béatrice avait été pour Dante, Laure pour Pétrarque, Cassandre allait le devenir pour Ronsard : « elle était la Vierge dont il avait fait son Idole pour le guider au Mieux ».

En 1569, c'est-à-dire quinze ans après, il la reverra, femme âgée de quarante ans, mère de plusieurs enfants. Lui, il avait quarante-cinq ans et était prieur de Croix-Val et de Saint-Côme. Car, si ses vers lui avaient apporté la gloire, ils ne lui avaient guère procuré d'argent. D'où nécessité pour Ronsard d'accepter, au titre laïque, les revenus de certains biens ecclésiastiques.

N'importe, il avait depuis longtemps compris la grandeur, la noblesse de la mission du poète.

Je veux brûler, pour m'élever aux cieux,
Tout l'imparfait de mon écorce humaine,
M'éternisant comme le fils d'Alcmène (1)
Qui, tout en feu, s'assit entre les dieux.

Oui, si la chair restait faible, l'esprit en lui se purifiait. Il aspirait à la Gloire.

Il avait soif également de l'Immortalité pour les autres. Ce que Dante et Pétrarque avaient fait pour Béatrice et Laure, il rêvait de le refaire pour Cassandre.

Le Poète seul peut donner aux hommes l'Immortalité glorieuse : telle est sa conviction.

Mais ses Livres d'*Amours*, de *Sonnets* sont un peu confus.

Ici, tel sonnet sensuel ou indiscret s'adresse plutôt à Marguerite; tel autre, plus respectueux, est écrit pour Cassandre Salviati; bien souvent aussi, sonnets sensuels concernent plutôt une amante passionnée qui n'est qu'un souvenir des poètes érotiques alexandrins ou latins, ou, au contraire, sous le nom de Cassandre, il ne faut plus voir qu'une abstraction, une appellation symbolique destinée à personnifier les attraits de la Femme, sous son aspect de beauté pure et vertueuse, alors que précédemment elle était plutôt interprétée comme incarnation de la Grâce luxurieuse et corporelle.

(1) Le fils d'Alcmène, c'est *Hercule*.
Alcmène, femme d'Amphitryon, fut trompée par Jupiter et devint mère d'Hercule.
Alcmena : Herculea parens. — Hercules mater.

Puis, sous la direction de Daurat, ayant lu Pétrarque et Platon, Ronsard avait de plus en plus chanté la *Femme idéale*, « *sa propre entéléchie* (1) », non plus la Femme vue par les yeux de la chair, mais la *Perfection*, la Divinité supérieure rêvée par son imagination de Poète. Soit par reconnaissance pour Cassandre, soit pour assurer une armature solide à ses sublimes songeries, il baptisa encore cette idole du nom de Cassandre.

Cela fait bien des pensées contradictoires.

Il devait bientôt se lasser de Cassandre, des Amours Platoniques et de la Poésie Pétrarquiste qui les exaltait vainement.

Enfin, à force d'invoquer Vénus, la déesse compatissante répondit à ses vœux en lui faisant connaître *Marie Dupin*, bien plus connue sous le nom de *Marie de Bourgueil*.

III. *Marie Dupin*

En 1555, toute une révolution morale et poétique va se faire dans l'esprit de Ronsard. Il délaissera Cassandre, renoncera au Pétrarquisme, tendra vers plus de simplicité dans l'expression et adoptera l'alexandrin dans le sonnet : ceci trois ans après l'apparition du livre des *Amours* (septembre-octobre 1552), qui marque chez Ronsard l'apogée du Pétrarquisme.

Ce fut en avril 1555 que Ronsard, souffrant encore de l'amour de *Cassandre*, crut enfin rencontrer la maîtresse qu'il rêvait.

C'était la fille d'un hôtelier de Bourgueil, chez lequel, un soir, accompagné de Remy Belleau, Ronsard était descendu.

C'était une enfant de quinze ans.

Belle et jeune fleur de quinze ans.

Elle était si gentille que Ronsard, toute la nuit, rêva de la « *petite pucelle angevine* ».

En réalité, elles étaient trois sœurs : *Marie*, *Anne* et *Antoinette*. Pour un peu, Ronsard aurait été embarrassé de faire un choix. Finalement, *Marie* ou *Marion* l'emporta.

Elle semblait peu farouche, même assez provocante. Mais

(1) *Entéléchie* : perfection.

si audacieuses que soient les caresses, Marie ne veut pas capituler de façon définitive. Lorsque l'amoureux dépité insiste trop vivement, la malicieuse enfant le renvoie à sa Cassandre.

Il y avait trois ans qu'il tournait autour de Marie, tout cela sans succès. Il essaya de s'en consoler en contant sa plainte dans ses vers. Si ses ennemis l'en louèrent, surtout parce qu'il semblait, pour elle, avoir renoncé aux allusions mythologiques et aux raffinements trop subtils de l'idéal platonicien, par contre, ses amis regrettèrent de voir Ronsard descendre à une simplicité de ton qui, pour eux, semblait trop voisine de la trivialité.

Ne discutons pas, pour le moment, l'appréciation des sonnets consacrés à Marie; revenons à la *fillette*.

⁂

En réalité, Marie n'était prude qu'en apparence. Elle ne voulut pas de Ronsard, non par vertu, mais parce que son cœur s'était décidé ailleurs, en faveur d'un cousin de Ronsard, à savoir Charles de Pisseleu, frère de la duchesse d'Etampes, commendataire de Bourgueil. Au retour d'une absence, alors que Ronsard se flattait encore d'une ombre d'espoir, il trouva la place prise.

Pendant trois ans, il avait vainement attendu un dénouement conforme à ses désirs. Cette Marie de Bourgueil avait été, pour lui, aussi cruelle que Cassandre.

Le plus triste dans tout cela, c'est que, croyant mieux réussir en changeant de ton, Ronsard avait renoncé au style élevé dont il avait chanté Cassandre pour se rapprocher du style populaire. Il s'était abaissé ainsi, croyant pouvoir mieux conquérir.

> Mariё, tout ainsi que vous m'avez tourné
> Ma raison qui, de libre, est maintenant servile,
> Ainsi m'avez tourné mon grave premier style,
> Qui pour chanter si bas n'était point ordonné.

Si cuisante était la blessure que, pendant plus de dix ans, Ronsard évita de nommer à nouveau Marie dans ses vers.

Soudain, Ronsard, nommé prieur de Saint-Côme depuis

1564, apprit un jour, entre 1572 et 1574, la mort de la jeune fille.

Quand elle fut morte, il oublia tout. Il s'imagina que la Mort seule avait empêché qu'il ne réussît à la fléchir. La Mort purifia le souvenir qu'il voulait garder de cette amie désirée : si bien qu'elle reprit à ses yeux toute vertu et toute beauté.

Hélas ! où est ce doux parler,
Ce voir, cet ouïr, cet aller,
Ce ris qui me faisait apprendre
Que c'est qu'aimer ? Ha ! doux refus !
Ha ! doux dédains, vous n'êtes plus !
Vous n'êtes qu'un peu de cendre !

Hélas ! où est cette beauté,
Ce printemps, cette nouveauté,
Qui n'aura jamais de seconde ?
Du ciel tous les dons elle avait ;
Aussi parfait ne devait
Long temps demeurer en ce monde.

Sur qui Ronsard versait-il réellement ses pleurs? Etait-ce vraiment sur Marie Dupin, de Bourgueil, ou n'était-ce pas plutôt sur *lui-même*, sur l'image façonnée par ses rêves?

Quoi qu'il en soit, il jurait de ne plus penser qu'à elle et de se préparer à l'aller rejoindre au ciel.

Je l'entends dans le ciel comme elle nous appelle.

En réalité, Ronsard, dans l'intervalle, avait suivi une autre beauté, alors que Marie était toujours de ce monde.

IV. *Sinope*

C'était encore une toute jeune fille. Elle avait seize ans et s'appelait également Marie. Douée d'une grâce et d'une beauté dignes d'une immortelle, elle appartenait à une illustre maison.

Pour ne pas la confondre avec *Marie, la belle hôtelière angevine*, Ronsard voulut chanter sa grande dame sur un nom digne de passer à la postérité, en même temps qu'il écarterait toute indiscrétion. Il lui donna le nom de *Sinope*, qui est celui d'une Amazone.

Lorsqu'il la vit, elle était atteinte d'une certaine ophtalmie qui, selon Ronsard, aurait gâté ses yeux à lui d'une semblable malignité. En réalité, Ronsard, depuis l'âge de quinze ans, souffrait d'un mal assez peu défini, dont une des caractéristiques était un fréquent flux de larmes. Dans ce mal commun, gagné par contagion, croient-ils, les deux amants virent la marque d'une sympathie prédestinée. Une fois de plus, Ronsard s'enflamme et, même, sa passion devient si ardente qu'il songe à renoncer à la *cléricature* pour épouser la belle. Alors qu'ils avaient déjà échangé leurs anneaux, Ronsard présente à Sinope un beau gentilhomme, lequel lui « *faucha l'herbe sous le pied et fut le préféré* ».

Ronsard avait lui-même préparé son propre malheur.

V. *Genèvre*

De 1561 à 1562, une autre femme fut l'élue de son cœur; celle-ci plus facile. Elle est blonde et le poète la nomme *Genèvre.*

Certains ont prétendu qu'elle était la fille de Vigenère, dont, par anagramme, il aurait fait Genièvre ou Genèvre. Mais ceci n'est qu'une supposition. Qui fut-elle en réalité? Ronsard a gardé jalousement le secret.

Il l'aurait rencontrée à Saint-Germain-en-Laye. Avec elle, il connut le repos. Son cœur, bien certainement, ne fut pas engagé à fond; mais l'épicurien qui était en lui fut satisfait.

⁂

Telles furent, parmi les belles dames pour lesquelles Ronsard a soupiré, celles qu'il a chantées plus ou moins ouvertement dans son premier Recueil de vers : Marguerite, Cassandre, Marie, Sinope, Genèvre.

3° Utilité de ces Amours : elles ont renouvelé et épuisé l'Inspiration du Poète

Sur cinq immortalisées au *Livre des Amours*, livre qui parut en 1552, quatre lui ont été rigoureuses et ont torturé son âme. Mais, si elles n'ont pas répondu à ses vœux, elles ont forcé le poète à la fois à chanter ses rares joies ou ses plus nombreux regrets et en même temps, puisque la Réalité lui échappait, à s'élancer vers un Idéal vraiment supérieur digne des plus beaux Traités de Platon, à tel point que chez lui le divin Amour semble parfois se rapprocher de beaucoup de l'Amour divin.

En effet, le Poète, quittant la sensualité, s'élève, comme il le dit lui-même à une de ses Idoles, jusqu'à l'idéal le plus pur, jusqu'à

L'autre beauté, dont la tienne est venue.

Ici, il n'est pas hors de propos de citer certaines réflexions de Brunetière (1) :

« Quelles et qui furent les maîtresses de Ronsard, gentilhomme vendômois, on pourrait assurément se passer de le savoir. »

« Mais, aussi, n'est-ce point à elles, Cassandre ou Marie, ni même à lui qu'on s'intéresse en elles, mais à la question capitale, en littérature comme en art, de savoir comment un grand poète a conçu les rapports de la *Nature et de l'Art*, de *la Fiction et de la Réalité*. »

« 1° La Poésie n'est-elle qu'un éloquent mensonge, et les Ronsard et les Pétrarque n'ont-ils aimé qu'en imagination? »

« 2° Est-ce *Eux*, dont le désir indéterminé d'amour, et la capacité d'illusion, ont revêtu Laure ou Cassandre de l'idéale parure de beauté qu'ils rêvaient? Ou, au contraire, est-ce *Elles* dont le charme aurait comme éveillé en eux des sentiments, et un pouvoir de les exprimer, qu'ils ne se connaissaient pas?

« 3° Les ont-ils aimées comme on aime, quand on n'est pas poète, avec tout leur cœur et tous leurs sens? Ou, au contraire, n'ont-ils vu peut-être en elles que les inspiratrices de leurs chants, et, peut-être, se sont-ils rendu compte que ces chants soient moins purs et d'une beauté plus trouble, étant chants seraient moins purs et d'une beauté plus trouble, étant moins désintéressée, s'ils en avaient approché l'objet de plus près? »

Certainement Ronsard a aimé Cassandre Salviati et Marie Dupin.

(1) Je résume, plus que je ne cite.

Mais, s'il les aime, c'est moins pour aimer, et parce qu'il aime, que parce que l'amour est une incomparable matière à « mettre en vers français. »

Brunetière ajoute :

« Nous pouvons nous tenir pour assurés que, s'il a souffert, c'est bien moins des rigueurs de Cassandre ou de la fillette angevine, que, comme il le dit lui-même,

De n'avoir pas en écrivant, la grâce
Divine, autant qu'il a la volonté. »

Ce dernier passage de M. Brunetière est, je crois, exagéré et injurieux pour Ronsard. Le poète a été de bonne foi, et en même temps la dupe de son rêve. Il a aimé Cassandre et Marie, il s'est aimé lui-même en repassant ses souvenirs, il a aimé sa Poésie, et, en cette poésie, à la fois l'Objet qu'il aimait et lui-même, soit comme Amant, soit comme Peintre de cet Objet aimé.

***

Une autre observation doit être faite :

Alors qu'il chante ses jolies Créatures réelles, il évoque souvent l'Antiquité.

C'est ici, peut-être mieux qu'ailleurs, le moment de répondre à une question qui, bien souvent, est une critique mal déguisée.

Ronsard, en imitant l'Antiquité, n'a-t-il pas surchargé la Poésie française d'éléments étrangers et pédantesques? Non. Voici l'explication qu'en donne Théodore de Banville, le délicat poète, appréciant un de ses Maîtres :

« Il demande à l'Antiquité le secret d'un Art qui, tout en prenant l'homme pour son sujet, n'en fait pas une figure isolée dans la nature vivante; l'image renaît, le paysage, non pas copié chez les Latins ou chez les Grecs, mais vu et étudié directement par un observateur sensible au pittoresque, s'associe à la passion humaine; avec la voix du chanteur, le ruisseau gémit, l'arbre soupire, l'oiseau chante, et les soleils couchants, les rayons du jour, les aurores prêtent leurs flammes aux jardins émus où passent les belles Grecques, vêtues, à la façon du XVIe siècle, d'étoffes aux larges flots, retenues par quelque lien superbe. Les ors, les pierreries, l'azur du ciel, l'écarlate et le pourpre des fleurs apparaissent dans le vers, en même temps que les lèvres et la chevelure de la bien-aimée, auxquelles ils prêtent leurs vives couleurs et animent ces descriptions, où resplendissent à la fois une femme souriante et l'Eden verdoyant qui nous entoure... L'hymen entre la Nature et la race humaine est de nouveau consommé. »

Autour de ses chères Amantes, Ronsard a su mettre le décor du pays natal, embelli et paré des formes vaporeuses dont son imagination de poète sait peupler les lieux où son âme a frémi.

Tout comme Corot peignant Ville-d'Avray revoyait à la fois le paysage italien de Castelgandolfo et, derrière les paysannes françaises, apercevait, flottantes, les nymphes antiques.

⁂

Dernier point à élucider :

Cet amant volage était-il un ingrat?

Non. Lorsqu'un jour de printemps 1569 Ronsard revit, âgée de quarante ans, celle qu'il avait connue vingt-cinq ans plus tôt, il lui adressa l'hommage le plus chevaleresque et à la fois le plus tendre :

L'absence, ni l'oubli, ni la course du jour
N'ont effacé le nom, les grâces, ni l'amour
Qu'au cœur je m'imprimai dès ma jeunesse tendre,
Fait nouveau serviteur de toi, belle *Cassandre*.

Cassandre, qui me fus plus chère que mes yeux,
Que mon sang, que ma vie, et que, seule en tous lieux,
Pour sujet éternel ma Muse avait choisie,
Afin de te chanter par longue poésie...

....

Et si l'âge qui rompt et murs et forteresses,
En coulant a perdu un peu de nos jeunesses,
Cassandre, c'est tout un ; car je n'ai pas égard
A ce qui est présent, mais au premier regard,
Au trait qui me navra de ta grâce enfantine,

Qu'encores tout sanglant je sens dans ma poitrine.
Bienheureux soit le jour que tes yeux je revy,
Qui m'ont, et près et loin, de moi-même ravy (1).

Cassandre mourut en 1605. Par sa fille, nommée Cassandre également, qui, en 1580, avait épousé Guillaume de Musset, seigneur de Lude, elle fut l'arrière-grand'mère d'Alfred de Musset.

CHAPITRE VI

LA GLOIRE ÉCLATANTE

Poète célèbre et poète de Cour, Ronsard avait conquis la gloire, il n'avait pas acquis la fortune. C'est pourquoi, finalement, il dut quémander des bénéfices ecclésiastiques au titre laïque. Il fut donc poète du Roi, aumônier du Roi, c'est-à-dire comptable et distributeur de l'aumône, prieur commendataire de plusieurs abbayes ou prieurés : Bellozanne, près Gournay, en Normandie; Croix-Val, près Vendôme; Saint-Côme, près Tours. Il avait pris la tonsure dès 1543. Il n'était pas prêtre. On se représente mal comment il pouvait concilier cette tonsure de clerc ou chantre avec son emploi à l'Ecurie du Dauphin.

Certains petits ministres calvinistes de Genève cherchèrent à le calomnier bassement : notre poète sut à la fois leur répondre sans s'abaisser à leur niveau ordurier, et étaler fièrement et candidement sa vie.

Réponse de Pierre de Ronsard aux injures et calomnies de je ne sais quels Prédicantereaux et Ministreaux de Genève.

M'éveillant au matin, devant que faire rien,
J'invoque l'Eternel, le père de tout bien,
Le priant humblement de me donner sa grâce,
Et que le jour naissant sans l'offenser se passe;
Qu'il chasse toute secte et toute erreur de moi,
Qu'il me veuille garder en ma première foi,

(1) Edition Blanchemain, t. IV, p. 395.

Sans entreprendre rien qui blesse ma province,
Très humble observateur des lois et de mon prince.

Après, je sors du lit, et quand je suis vêtu
Je me range à l'étude et apprends la *Vertu* (1),
Composant et lisant suivant ma Destinée,
Qui s'est dès mon enfance aux Muses inclinée;
Quatre ou cinq heures seul je m'arrête enfermé;
Puis, sentant mon esprit de trop lire assommé,
J'abandonne le livre et m'en vais à l'Eglise.

Au retour pour plaisir une heure je devise;
De là, je viens dîner faisant sobre repas,
Je rends grâces à Dieu ; au reste je m'ébats,
Car si l'après-dîner est plaisante et sereine,
Je m'en vais promener, tantôt parmi la plaine,
Tantôt en un village, et tantôt en un bois,
Et tantôt par les lieux solitaires et cois;
J'aime fort les jardins qui sentent le sauvage,
J'aime le flot de l'eau qui gazouille au rivage.

Là, devisant sur l'herbe avec un mien ami,
Je me suis, par les fleurs, bien souvent endormi,
A l'ombrage d'un saule, ou, lisant dans un livre,
J'ai cherché le moyen de me faire revivre,
Tout pur d'ambition et des soucis cuisants,
Misérables bourreaux d'un tas de médisants,
Qui font (comme ravis) les prophètes en France,
Pipant les grands seigneurs d'une belle apparence.

Mais quand le ciel est triste et tout noir d'épaisseur,
Et qu'il ne fait aux champs ni plaisant ni bien sûr,
Je cherche compagnie, ou je joue à la Prime;
Je voltige, ou je saute, ou je lutte ou j'escrime,
Je dis le mot pour rire, et à la vérité
Je ne loge chez moi trop de sévérité.

(1) Travail.

Puis, quand la nuit brunette a rangé les étoiles,
Encourtinant le ciel et la terre de voiles,
Sans souci je me couche, et là, levant les yeux
Et la bouche et le cœur vers la voûte des cieux,
Je fais mon oraison, priant la bonté haute
De vouloir pardonner doucement à ma faute ;
Au reste, je ne suis ni mutin ni méchant,
Qui fais croire ma loi par le glaive tranchant :
Voilà comme je vis; si ta vie est meilleure,
Je n'en suis envieux, et soit à la bonne heure (1) !

En 1550, avait paru le *Recueil des Quatre premiers livres des Odes*. Tel en fut le succès que Ronsard fut sacré par le Public, comme par le Cénacle de ses amis, l'Horace et le Pindare français. En 1552, le livre des *Amours* consacrait en lui le Pétrarque français.

Le Poète n'a donc pas consacré tout son temps aux *Amours*. A chaque instant, il parle de *Vertu;* par là, il faut surtout entendre son ardeur au travail poétique. Car, pour l'autre, il savait bien qu'il n'était qu'un pauvre pécheur, asservi à la chair, mais n'ayant ni fiel ni haine, ne méditant aucune malice contre homme vivant.

L'emploi de sa journée, consacrée à la Poésie, se compose d'heures de douces songeries, ou de lectures appropriées, ou de rédaction de vers nouveaux, ou de correction de ses vers anciens.

Certes, il n'oublie pas Dieu, mais de son Recueil la conclusion apparaît qu'il n'est pas dévot. Son cœur est plus tourné vers la Muse que vers la Religion. Il observe les rites prescrits; souvent, il nous affirme sa croyance, mais il est manifeste qu'il n'y apporte aucune exagération.

Peut-être même, s'il eût été prêtre, sa piété eût-elle paru bien vague. Pour un laïc, clerc de chanterie, il est évident que le fond est suffisamment religieux, mais sans aucun excès dans la pratique.

Par contre, bien certainement, Ronsard est sincère lorsqu'il raconte aux ministres calvinistes fielleux sa journée toute de labeur et de doctes loisirs.

(1) Ed. f° 1584, p. 906, 1re et 2e col.

CHAPITRE VII

Les dernières amours — Astrée et Hélène

Répétons-le, l'Amour n'occupa donc pas la meilleure partie des heures de Ronsard : c'était le plus souvent une simple suggestion qui mettait en éveil toutes les facultés d'imagination et de sensibilité dont ce grand poète était doué.

S'il fallait, dans l'exposé de la Vie de Ronsard, vouloir faire marcher de front l'histoire des amours et celle de l'évolution du génie de l'homme, cela nous entraînerait à bien des complications.

Pour la clarté, il vaudra mieux ne parler de son activité poétique qu'à propos des Œuvres et, pour le moment, se contenter de poursuivre la longue énumération de ses Amours.

Sans renoncer absolument à ce genre de pensées, Ronsard semble, pendant un temps assez long, s'être préoccupé davantage de succès littéraires.

Il avait connu Cassandre vers 1545-1549, Marie entre 1555 et 1558 ou 1560. Il avait vécu sur les souvenirs de ces deux différentes Excitatrices et l'effet dura jusqu'en 1566, sinon plus tard.

En tout cas, depuis 1560 environ jusqu'à 1578, nous ne voyons plus paraître de noms nouveaux dans la liste des tendres héroïnes immortalisées par le poète vendômois.

Avec Cassandre, hautaine et fière, les amours avaient été platoniques, et la poésie qui les chantait était noble et un peu quintessenciée. Avec Marie, le poète trouve une langue plus simple, mais plus riche de passion.

Le souvenir de Marie reprend le poète lorsque, vers 1572-1573, il apprend la mort de celle qu'il avait tant voulu aimer. C'est elle, Marie, qui a inspiré surtout le *Second Livre des Amours*, publié en 1578. C'est ce Recueil qui contient le douloureux sonnet sur la *Mort de Marie*.

Avec l'âge, oubliait-il l'Amour? Nullement. Il brûla encore pour *Astrée*, qui serait, non pas comme dit Colletet, une des sœurs aînées de Gabrielle d'Estrées, mais bien plutôt, selon M. Gustave Cohen, la propre mère de Gabrielle. Un instant, il la nomme Françoise. Elle avait des cheveux d'or, « cheveux plus beaux que ceux de Bérénice ».

Enfin, *Hélène* fut la dernière amante chantée par Ronsard.

De son vrai nom, elle s'appelait Hélène de Surgères; de condition, elle était demoiselle d'honneur de Catherine de Médicis.

Elle fut, pour l'âge avancé de Ronsard, ce que *Cassandre* avait été pour sa jeunesse : à savoir une Egérie, ou une Consolatrice, plus qu'une Amante. Voilà pourquoi, obligé de se contenter de ces amours platoniques, le poète, en parlant de la Belle, mentionnera ses fiers dédains.

Lorsque Ronsard la connut, il avait plus de quarante ans, probablement quarante-trois, si nous nous en rapportons à lui. Mais M. Gustave Cohen suppose qu'il en avait quarante-six, en admettant qu'il l'ait rencontrée ou aimée vraiment en 1570. Il y avait six ou sept ans qu'il soupirait pour elle, et il chantait encore des sonnets amoureux en l'honneur d'Hélène « en ce funeste mois où mourut le roi Charles IX ». Il l'aurait donc connue vers 1567 ou 1568 selon Ronsard; selon M. de Nolhac, il faudrait renvoyer cette entrevue à 1570 (1). C'est aussi l'opinion de M. Gustave Cohen.

> Je sentis dans le cœur deux diverses douleurs :
> La rigueur de ma dame, et la tristesse enclose
> Du Roy, que j'adorais pour ses rares valeurs.
>
> La vivante et le mort tout malheur me propose ;
> L'un aime les regrets, et l'autre aime les pleurs,
> Car *l'Amour et la Mort n'est qu'une même chose* (2).

Quand donc, avant Ronsard, la Poésie française avait-elle fait entendre de si déchirants accents, une Philosophie aussi amère?

S'il est vrai que pour Cassandre, Ronsard créa, dès 1552, pour le moins, le mode pétrarquiste, mode qu'il avait aban-

(1) P. de Nolhac, *Le Dernier Amour de Pierre de Ronsard : Hélène de Surgères* (*Nouvelle Revue* du 15 septembre 1882).

(2) Edition Blanchemain, *Elégies*, t. I, p. 362.

donné en faveur de Marie, il n'est pas moins certain qu'il revint à l'inspiration pétrarquiste pour chanter Hélène.

Le livre qui célèbre ces dernières Amours a pour titre : *Sonnets pour Hélène*, et parut en 1578.

Bien qu'il soit difficile, en matières aussi intimes que les pensées secrètes, de fixer aucune date certaine, il semble cependant que Ronsard ne s'engagea pas très avant dans cette nouvelle et dernière passion avant 1572. Car la quatrième édition collective des œuvres de Ronsard, parue en cette même année 1572, ne mentionne pas encore le nom d'Hélène. Absent de l'édition de 1572, le nom d'Hélène triomphe glorieusement partout dans le livre des *Sonnets* de 1578.

C'est grâce à de pareilles subtilités que la critique arrive à reconstituer la Vie intérieure de nos Artistes et de nos Penseurs.

Tous les critiques l'ont remarqué, ces trois recueils d'*Amours* sont à la fois en l'honneur d'une amante bien différente et animés d'une inspiration toute diverse.

Avec Cassandre, la poésie de Ronsard est pleine de jeunesse et de flamme.

Avec Marie, cette même poésie a plus de maturité, plus de franchise et plus de simplicité.

Avec Hélène, les vers qui la chantent sont remplis d'une mélancolie de fin d'automne.

Oui, cette Poésie est mélancolique. L'âge vient pour le Poète; il arrivera, bien plus vite encore, le moment de dire adieu aux joies de la vie. Seule, Hélène pourrait répondre à cette passion. Elle n'en veut rien faire, soit par honneur et vertu, soit par calcul, soit enfin par dédain et froideur.

D'où alors, de la part du Poète, cette Réponse pleine de colère où l'on entrevoit les futurs accents d'Alceste auprès de l'indifférente Célimène :

Si c'est aimer, Madame, et de jour et de nuit
Rêver, songer, penser le moyen de vous plaire,
Oublier toute chose, et ne vouloir rien faire
Qu'adorer et servir la beauté qui me nuit,

Si c'est aimer, de suivre un bonheur qui me fuit,
De me perdre moi-même et d'être solitaire,

Souffrir beaucoup de mal, beaucoup craindre et me taire,
Pleurer, crier merci et m'en voir éconduit;

Si c'est aimer, de vivre en vous, plus qu'en moi-même,
Cacher d'un front joyeux une langueur extrême,
Sentir au fond de l'âme un combat inégal,
Chaud, froid, comme la fièvre amoureuse me traite.

Honteux, parlant à vous, de confesser mon mal ;
Si cela c'est aimer, ... furieux je vous aime ;
Je vous aime, et sais bien que mon mal est fatal ;
Le cœur le dit assez, mais la langue est muette.

Leurs amours durèrent sept ans, si nous nous en rapportons à Ronsard lui-même. Elles finirent à la suite de bien des orages.

Peut-être le Poète n'offrait-il à sa Maîtresse que l'Immortalité conférée par ses vers, alors qu'Hélène eût préféré, qui sait? plus de tendresse présente, plus de douceur. En réalité, je crois que, pour Ronsard, la Muse était une Maîtresse autrement impérieuse que les Mortelles, si aimables qu'elles fussent.

Dans la belle Elégie qui commence ainsi :

Six ans étaient coulés, et la septième année...,

le poète nous répète quels sont ses vrais et purs plaisirs : les livres et la Nature.

Aristote ou Platon, ou le docte Euripide, les fleurs, les arbres, le cours d'une longue rivière, le spectacle de la voûte étoilée.

Là, couché dessus l'herbe, en mes discours je pense
Que pour aimer beaucoup, j'ai peu de récompense,
Et que mettre son cœur aux dames si avant,
C'est vouloir peindre en l'onde et arrêter le vent ;

M'assurant, toutefois, qu'alors que le vieil âge
Aura comme un sorcier changé votre visage,
Et lorsque vos cheveux deviendront argentés,
Et que vos yeux — d'Amour ne seront plus hantés,
Que toujours vous aurez, — si quelque soin vous touche,
En l'esprit mes écrits, mon nom en votre bouche (1).

(1) Edition Blanchemain, t. I, p. 363 et 364.

C'est déjà en germe le motif qu'il prendra pour point de départ dans le dernier et si célèbre sonnet que je veux consacrer à Hélène.

Mais, ne l'oublions pas, le poète, sans miséricorde, rappelle à son Amante que l'Age et la Mort la harcèlent, alors que lui seul peut lui donner la véritable Immortalité, celle du Renom glorieux.

N'est-ce pas une leçon bien dure pour une pauvre femme et de la part d'un homme qui déclare la vouloir aimer?

Quand vous serez bien vieille, au soir, à la chandelle,
Assise auprès du feu, dévidant et filant,
Direz chantant mes vers, en vous émerveillant :
Ronsard me célébrait du temps que j'étais belle.

Lors vous n'aurez servante oyant telle nouvelle,
Déjà sous le labeur à demi sommeillant,
Qui au bruit de mon nom ne s'aille réveillant,
Bénissant votre nom de louange immortelle.

Je serai sous la terre, et, fantôme sans os,
Par les ombres myrteux je prendrai mon repos :
Vous serez au foyer une vieille accroupie,

Regrettant mon amour et votre fier dédain.
Vivez, si m'en croyez; n'attendez à demain :
Cueillez, dès aujourd'hui, les roses de la vie.

« Quel Rembrandt a mieux traduit sur sa toile que Ronsard dans ses vers cette impression de silence, de recueillement, de fin de jour et de fin de vie, — de demi-sommeil illustré d'images qui sont moitié rêve et moitié souvenir? Le soir, la chandelle allumée, le feu dans l'âtre, la vieille servante amie, assoupie dans un coin, la quenouille d'antan, et, tandis que le rouet tourne, la petite voix cassée fredonne faiblement quelque air d'autrefois, composé aux jours de beauté, de jeunesse et de gloire, par un Roland de Lassus sur les paroles d'un Ronsard (1) ».

Mais à côté de la puissante peinture au mélancolique clair-obscur, n'y a-t-il pas lieu de célébrer aussi la musicale harmonie de ce sonnet parfait?

(1) J.-J. JUSSERANT, *Ronsard*, p. 197.

Ruskin, l'esthète anglais, a consacré un de ses beaux livres aux *Sept Lampes de l'Architecture*. On peut dire de même que Ronsard a immortalisé une Pléiade de sept Etoiles brillantes et brûlantes d'Amour.

Ce sont :

Marguerite, Cassandre, Marie, Sinope, Genèvre, Astrée et Hélène.

Mais, parmi elles, Marie, Cassandre et Hélène avaient rempli le meilleur de sa vie.

> Cassandre me ravit, Marië me tint pris ;
> Jà grison à la cour, d'une autre je m'épris ;
> Si elles m'ont aimé, je les ai *bien* aimées.

CHAPITRE VIII

Le soir de la vie. — La vieillesse (1574-1585)

En 1574, commença pour Ronsard la vieillesse, et une vieillesse précoce. Il avait cinquante ans.

Les diverses maladies dont il souffrait l'avaient épuisé. A cela s'ajoutèrent les chagrins.

Le nouveau roi, Henri III, n'avait plus pour lui les mêmes égards que Charles IX. Les troubles des Guerres civiles pour fait de Religion augmentaient. Ses amis avaient successivement disparu ou allaient disparaître : Du Bellay (1560), Grévin, Jodelle (1573), Belleau (1577). Il se retira à l'écart, vécut surtout à la campagne, en particulier dans son abbaye de Saint-Côme, près Tours.

Seuls, ses *Amours pour Hélène* ont ranimé la flamme en lui. Le *Recueil* (le plus touchant de ses Recueils d'Amours) parut en 1578.

Quel que soit l'accueil chaleureux fait à son livre, Ronsard ne se fait plus illusion sur la Vie et la Fortune. L'heure est passée.

Le poète courageusement va dire adieu à toutes ces joies de la vie qu'autrefois il goûtait avec tant de volupté.

Adieux à la Cour et au théâtre du monde :

Sur l'échafaud mondain jouant mon personnage,
D'un habit convenable au temps et à mon âge.
J'ai vu lever le jour, j'ai vu lever le soir.
J'ai couru mon flambeau.

Adieux aux Amours :

Vole, ma douce tourterelle
Le vrai symbole de l'amour;
Je ne veux plus, ni nuit ni jour,
Entendre ta plainte fidèle,
Adieu, Amour...

Adieux aux fêtes, aux plaisirs mondains, aux chansons, à la poésie amoureuse :

Donc, sonnets, adieu ! adieu, douces chansons !
Adieu, danse ! adieu de la lyre les sons !
Adieu, traits d'Amour ! Volez en autre part
Qu'au cœur de Ronsard.
Je veux être à moi, non plus servir autrui.

La terre natale l'attire de plus en plus. Il retourne vers ces bocages et ces solitudes et ce silence pour se préparer à la définitive solitude, au silence éternel.

Ronsard vivait alors retiré tantôt dans l'un, tantôt dans l'autre des bénéfices qu'il tenait de la munificence royale : les abbayes de Croix-Val et de Montoire, les prieurés de Saint-Côme-en-l'Isle, près Tours, d'Evaillé.

Ne disons pas, comme certains, « *les abbayes opulentes* ». Elles ne le furent jamais. D'ailleurs les Guerres de Religion avaient amené partout la ruine et ses revenus étaient plutôt précaires.

On a dit qu'il était *prêtre*. C'est probablement une erreur. Seul, M. l'abbé Froger soutient cette assertion. Pour les autres critiques, Ronsard fut simplement *commendataire*, c'est-à-dire qu'il tenait *à commende* une partie des revenus de l'abbaye, mais n'avait aucune autorité spirituelle sur l'abbaye ou le prieuré, ni ne touchait rien des revenus des moines. Il avait, pour la forme, certaines obligations de cléricature. Il était donc, non pas prêtre, mais clerc ou chantre.

Seuls quelques protestants de petite condition l'entreprirent sur ce chapitre et Ronsard sut leur répondre. Quant aux protestants de marque, aucun n'attaqua Ronsard qui comptait des amis dans tous les partis, Catholiques, Guisards, Politiques, Bourbons et Protestants, dont Odet de Coligny et Agrippa d'Aubigné.

Quelques huguenots seuls l'on malmené, l'accusant d'être prêtre de mauvaise vie. Voici quelle fut sa noble réponse :

Or, sus, mon frère en Christ, tu dis que je suis prêtre ;
J'atteste l'Eternel que je le voudrais être,
Et avoir tout le chef et le dos empêché
Dessous la pesanteur d'une bonne évêché :

Mais quand je suis aux lieux où il faut faire voir
D'un cœur dévotieux l'office et le devoir,
Lors je suis de l'Eglise une colonne ferme.
D'un sureplis ondé les épaules je m'arme,

D'une haumusse le bras, d'une chappe le dos,
Et non, comme tu dis, faite de croix et d'os;
C'est pour un capelan, la mienne est honorée
De grandes boucles d'or et de frange dorée (1).

Je ne perds un moment des prières divines :
Dès la pointe du jour je m'en vais à matines,
J'ai mon bréviaire au poing : je chante quelquefois,
Mais c'est bien rarement, car j'ai mauvaise voix ·
Le devoir du service en rien je n'abandonne,
Je suis à Prime, à Sexte, et à Tierce et à None !
J'ouïs dire la grand'messe, et avecque l'encens,
(Qui par l'Eglise épars comme parfum se sent)
J'honore mon prélat des autres l'outrepasse,
Qui a pris d'Agénor son surnom et sa race.
Après le tour fini, je viens pour me rasseoir ;
Bref, depuis le matin jusqu'au retour du soir,
Nous chantons au Seigneur louanges et cantiques,
Et prions Dieu pour vous qui êtes hérétiques (2).

⁂

Une nouvelle phase s'ouvrit pour son talent.

(1) Ed. f° 1584, p. 906.
(2) *Ibidem*, p. 907.

On entendit alors sortir de sa lyre des accents graves, tristes et sévères, qu'on ne lui connaissait pas.

« Après l'écolier, après le courtisan, voici l'homme », telle est la phrase de Pascal.

Phrase trop sévère, car, après tout, Ronsard joyeux et confiant dans la vie, c'est tout aussi bien le vrai Ronsard que celui qui a sondé le vide de toutes choses. La vérité est que si Ronsard a vieilli, le présent est bien sombre pour sa. Patrie et pour la dynastie de ses Rois : guerres intestines, succession au trône remplie d'inquiétude, avidité de l'étranger, n'y a-t-il pas occasion pour un cœur généreux d'être mélancolique?

Seulement, la phrase de Pascal est vraie en ce sens que, dans sa dernière manière, le tréfonds de l'homme, dégagé de la gangue brillante qui le masquait, apparaît maintenant à nu. Ronsard, âgé de cinquante ans, n'est pas, après tout, si différent du petit page de douze ans qui avait vu autopsier sous ses yeux le corps de son Maître bien-aimé, le dauphin François. Jeune homme, il a voulu, et c'était son devoir, chasser ces ombres funèbres, afin de marcher dans la vie sans défaillir. Il devait être soldat, puis diplomate : le courage et l'obstination lui étaient nécessaires et non la mélancolie ou le gémissement. Détourné par la Destinée des carrières où il se croyait appelé à se dévouer à son Pays et à ses Rois, il ne se crut pas dégagé : les obligations changent de but, mais elles subsistent. Il sera le Poète de son pays.

A toute époque, la Pensée de la Mort l'a hanté. Mais à partir de 1574, cette Pensée devient obsédante.

En voyant déjà le roi nouveau l'oublier, il redoute peut-être que ce ne soit pour lui un présage de l'oubli définitif, éternel, dont rien ne nous ressuscite.

Il semble craindre que son renom ne lui survive pas.

Nous devons à la mort, et nous, et nos ouvrages :
Nous mourrons les premiers ; le long repli des âges,
En roulant, engloutit nos œuvres à la fin.
Ainsi veut la nature et le puissant Destin.
Dieu seul est éternel.

⁂

Malgré beaucoup de défaillances, car le poète a vieilli,

cette poésie automnale offre une beauté profondément touchante.

S'il n'a plus la même ardeur, ni la même puissance, l'âge n'a fait qu'attendrir ses inspirations, et cette auréole de mélancolie qui enveloppe ses vers leur prête un charme de rêve doux et triste.

Dans le Recueil de ses *Sonnets pour Hélène*, trois ou quatre au plus, peut-être, sont à citer, mais celui que je viens lire, à savoir : « Quand vous serez bien vieille », est, à lui tout seul, un chef-d'œuvre parfait : il est à la fois une peinture rembranesque avant l'heure et une musique élégiaque aussi douce qu'une pièce de Chopin.

Ailleurs, l'Amant de la Nature proteste, en des accents aussi mâles que ceux des Prophètes d'Israël, contre la dévastation de la forêt de Gâtine.

Il y a dans ces vers pénétrés de tendresse pour ces arbres séculaires, ces amis qui vont mourir, quelque chose de la prose de Chateaubriand pleurant sur les Ruines, ou de l'harmonie de Lamartine plaignant le lamentable destin des belles choses.

Il me semble que c'est aussi la première fois que le beau cri de Virgile :

Sunt lacrymæ rerum,

est exprimé avec autant d'émotion en langue française.

Adieu, vieille Forêt, adieu, têtes sacrées,
Adieu, chênes, couronne aux vaillants citoyens,
Arbres de Jupiter, germes Dodonéens,
Qui premiers aux humains donnâtes à repaître;
Peuples vraiment ingrats, qui n'ont su reconnaître
Les biens reçus de vous, peuples vraiment grossiers,
De massacrer ainsi leurs pères nourriciers.

Il prévoit le jour du nivellement odieux où ces sites enchanteurs ne seront plus que de mornes et plates étendues de champs.

De Tempé la vallée, un jour, sera montagne,
Et la cime d'Athos une large campagne ;

Neptune, quelquefois, de blé sera couvert :
La matière demeure et la forme se perd (1).

⁂

Comme Citoyen, au Grand Chancelier Hurault de Cheverny, il ose conseiller de diminuer les impôts et le prier d'obéir à sa conscience et à l'honneur plutôt qu'à un mandement du Roi.

De même, il fait entendre à la Reine Mère de solennels avertissements dans son *Discours sur les misères de ce temps* :

Madame, je serais ou de plomb ou de bois
Si moi, que la nature a fait François,
Aux races à venir je ne contais la peine
Et l'extrême malheur dont notre France est pleine.

Il n'oublie pas ses amis : en 1583, il est, à Montoire, parrain d'un enfant.

Il compose pour la misère des humbles de Vendôme une hymne liturgique à saint Blaise qui les protège de tant des maux qui les menacent.

Cependant, bien qu'il en parle si souvent, il n'a pas peur de la *Mort* :

Je te salue, heureuse et profitable Mort,
Des extrêmes douleurs médecin et confort !
Quand mon heure viendra, Déesse, je te prie,
Ne me laisse longtemps languir en maladie,
Tourmenté dans un lit ; mais puisqu'il faut mourir,
Donne-moi que soudain je te puisse encourir,
Ou, pour l'honneur de Dieu, ou pour servir mon Prince,
Navré, poitrine ouverte, au bord de ma province (2) !

Il alla encore au collège de Boncourt, près de Saint-Etienne-du-Mont, pour reviser le dernier texte de ses œuvres publié dans l'énorme et magnifique in-folio imprimé sur deux colonnes, de 1584.

Il retourna encore chez son ami Galland, en février 1585,

(1) *Elégies*, XXX.
(2) *Hymne de la Mort, à Louis Des Mazures* (édition Gauthier-Ferrières, p. 196).

mais bien malade. Puis, en toute hâte, il s'en retourna à Montoire, à Croix-Val et finalement se fit transporter à Saint-Côme, où il mourut après quarante jours de souffrances.

⁂

S'il ne fut pas prêtre, si sa conduite ne fut pas exempte de faiblesses, il resta toujours fermement attaché à sa foi monarchique, à sa foi religieuse. Il fut, sans doute, épicurien et païen divinement par certains côtés; par d'autres, il est citoyen averti qui voit bien ce qui se cache d'anarchie et de haine de la Patrie, sous les critiques des Réformateurs politiques ou religieux venus ou inspirés de l'étranger.

Les malheurs du temps, sa tristesse morale, sa mauvaise santé, l'ont ramené aux pratiques de la religion.

Avant de mourir, il composa deux Sonnets mystiques.

Ronsard se prépara en chrétien à la mort et s'éteignit le 27 décembre 1585.

Sa gloire était universelle; la France et l'étranger le considéraient comme un des plus grands poètes de tous les temps.

Il mourut à soixante et un ans.

A la messe qui fut dite pour le repos de son âme, des princes du sang, des évêques, des cardinaux, le Parlement, l'Université assistèrent en corps.

Son oraison funèbre fut prononcée par le cardinal Jacques Davy Duperron.

« C'est ce grand Ronsard qui a le premier chassé la surdité spirituelle des hommes de sa nation, qui a le premier fait parler les Muses en français, qui a le premier étendu la gloire de nos paroles et les limites de notre langue. C'est lui qui a fait que les autres provinces ont cessé de l'estimer barbare, et se sont rendu curieuses de l'apprendre et de l'enseigner, et qu'aujourd'hui on en tient école jusqu'aux parties de l'Europe les plus éloignées, jusques en la Moravie, jusques en Pologne et jusques à Danzich, où les œuvres de Ronsard se lisent publiquement. »

Le cardinal prononça cette oraison en la chapelle de Boncourt, à Paris, l'an 1586, le jour de la fête de saint Mathias.

Duperron a hautement raison dans son enthousiasme en proclamant que, grâce à Ronsard, la langue française a fait le tour de l'Europe. Elle ne l'a fait que grâce à la musique de son vers, à la délicatsse et à la fraîcheur de l'allure, à la beauté des sentiments.

Jacques Davy Duperron, ambassadeur, homme de lettres, et homme d'Eglise, mourut archevêque de Sens. Il prononça les oraisons funèbres de Ronsard et de Marie Stuart. On connaît son triomphe lors de la conférence de Fontainebleau, en 1600, contre d'Aubigné et Duplessis-Mornay.

IIIe PARTIE

L'ŒUVRE DE RONSARD

L'Œuvre de Ronsard peut s'étudier de deux manières, selon l'évolution du temps, selon les différents genres littéraires abordés.

CHAPITRE Ier

1° L'Œuvre de Ronsard étudiée selon l'ordre des temps

Chronologiquement, l'Œuvre de Ronsard peut se répartir en sept groupes :

I. — Les *Odes*, en cinq livres, imitées de Pindare, d'Horace et d'Anacréon (1550-1552).

Ronsard est alors le Pindare et l'Horace français.

II. — Les *Amours* partagées en plusieurs recueils, 1552, 1553, 1555, 1556.

On peut les grouper sous trois titres :

Marguerite, Cassandre, Marie.

Avec ces recueils, Ronsard apparaît comme le Pétrarque français.

III. — Les *Hymnes* (1555), imitées de Callimaque.

Ici, le Poète aborde la Grande Poésie Philosophique.

IV. — Les *Elégies, Mascarades* et *Bergeries* (1565), qui sont des œuvres de circonstance écrites par Ronsard pour les divertissements de la Cour.

Là, il est surtout Bucolique et Elégiaque et aussi Poète Romanesque.

V. — *L'Institution pour l'adolescence du roi Charles IX* et les *Discours sur les misères de ce temps* (1562), qui sont de la poésie morale et politique.

V. — *La Franciade* (1572), poème épique, où Ronsard raconte, à l'exemple d'Homère et de Virgile, comment Francus, fils d'Hector, échappa au désastre de Troie et vint fonder le royaume de France.

VII. — Le dernier Recueil d'*Amours*, publié en 1578 et consacré à Hélène.

Mais poursuivons plus avant cette étude.

Nous allons voir que ces sept groupes peuvent se ramener

à trois masses principales échelonnées selon les temps. En effet, le génie de Ronsard est multiple et successif.

Il se développe en trois périodes, chacune ayant sa manière, et, dans chaque période, la meilleure caractéristique de la manière du poète se trouve surtout dans sa poésie lyrique.

Première période (1550-1560)

Pendant la *première période*, de 1550 à 1560, il donne les *Odes*, les *Amours de Cassandre*, les *Amours de Marie*, les *Hymnes*, le *Bocage royal*, les *Mélanges*.

Première manière : Pindare et Pétrarque

Il y faut distinguer même deux manières, l'une ambitieuse, hautaine et pédantesque, l'autre aimable, plus aisée, plus légère.

Il s'efforce aux quatre livres des *Odes* d'adapter la Poésie « pindaresque » ou poésie « chorale et impersonnelle » à la langue française. Il en retient jusqu'à la division en strophes, antistrophes et épodes, comme s'il s'agissait de procession sacrée autour d'un autel, à l'exemple de la Grèce antique. En réalité, cette poésie chorale supposait une mise en scène, un spectacle, une grande pompe, des cérémonies attirant toute une foule. Il fallait ou un théâtre lyrique, encore à créer, ou des Pageants ou Cavalcades à travers les rues d'une ville, à l'occasion d'un grand événement historique. Or, Ronsard en fait l'expression de son admiration personnelle pour un héros, par exemple Michel de L'Hospital. C'est donc une erreur.

Il fut ainsi, en France, le créateur de l'ode officielle, très pompeuse, très brillante, mais très froide et très vide.

Le lyrisme impersonnel et collectif ne convenait ni à nos poètes, ni à nos institutions. Cependant ce lyrisme a continué avec Malherbe, Boileau, J.-B. Rousseau, Le Franc de Pompignan, Lebrun-*Pindare* et Victor Hugo lui-même à ses débuts. C'est Ronsard qui l'a introduit en France.

En Angleterre, Spenser, dans son *Epithalame*, est le seul moderne ayant réussi une fois dans ce genre.

***

Pour le lyrisme intime et personnel, Ronsard l'a développé dans d'autres recueils que les *Odes*.

En tout cas, Ronsard a bien compris qu'il fallait une grande poésie lyrique pour les questions d'intérêt général, telles que la Commémoration d'une Victoire.

Le seul exemple réussi en France, en ce genre, est *La Marseillaise*, comme musique et comme mouvement; comme vers, malheureusement, la langue est des plus plates.

En tout cas, de Pindare, le poète français a gardé la splendeur des images, l'ampleur de la période, le mouvement du rythme, la sonorité des mots, la noblesse du style.

Mais, vu le succès qu'elle eut, cette poésie chorale devint l'Ode officielle que nous connaîtrons désormais avec Malherbe, Boileau et jusqu'à nos jours.

A cette première manière, il faut rattacher la plupart des *Hymnes*.

Celles-ci sont imitées surtout de *Callimaque*. Elles sont l'éloge d'un grand personnage, de là leur allure lyrique, mais cet éloge est encadré dans quelque légende antique.

D'autres abandonnent l'allure lyrique pour devenir descriptives comme l'*Hymne aux Saisons*, ou épiques comme l'hymne à *Castor et Pollux*.

Très souvent l'*allégorie* et la *mythologie* entravent la marche du vers; mais il y a toujours puissance et élévation, ou éclat de la forme, et, dans le genre descriptif, sincérité du sentiment.

***

Les *Amours de Cassandre* appartiennent à la Poésie lyrique personnelle; leur inspiration provient en partie de Pétrarque.

Sans doute, il y a un peu de préciosité dans ces *Amours*, comme il y avait érudition livresque dans les *Odes*, mais le galimatias de Pétrarque est moins compliqué que celui de Pindare.

Le poète est moins froid. Même quand il est maniéré, il conte avec passion une expérience personnelle. Parfois, il s'élève à un platonisme ou à un mysticisme amoureux quintessencié, mais toujours noble. Ceci, en supposant tous les défauts. Parfois, il est un tantinet audacieux et polisson.

Mais avec lui, comme nous sommes loin du frivole badinage de l'école de Marot, de la truculence grossière des sensualités de l'école de Rabelais en France ou de Bembo en Italie!

Seconde manière : Horace et Anacréon

A) *Horace*

Il ne faut pas croire que l'évolution du génie de Ronsard se fasse par temps rigoureusement marqués, qu'il ait nettement abandonné telle inspiration pour une nouvelle à point fixe. En réalité, l'homme d'abord, le poète ensuite, sont justement plus ondoyants. De tout temps, il avait aimé les Latins, dont Virgile et Horace; il ne les abandonna pas lorsqu'il connut les Grecs. Donc, souvent, il compose en même temps des vers aussi bien d'inspiration latine que d'inspiration grecque; de même, il prend tantôt le ton solennel et pindarique, tantôt le ton familier et horatien. Ses œuvres n'ont été réparties en *Odes*, *Amours* et autres, qu'après bien des remaniements et sont, en leurs parties définitives, d'inspiration et d'allure diverses.

La seule vérité est, qu'ayant voulu être lui-même un grand poète et ayant voulu doter la France de la grande Poésie, il a d'abord adopté le mouvement pindarique. « Il voulait, dans son généreux enthousiasme, égaler la Muse française aux plus sublimes accents de la Grégeoise. » Ce qui le transportait d'admiration pour Pindare, c'étaient les accents de triomphe se déferlant pour célébrer la victoire d'une cité.

Horace lui semblait inférieur sous ce rapport. Il n'avait pas la magnificence et la sublimité du poète grec. Cependant Ronsard comprit vite que de pareils accents ne s'accommodaient qu'à des circonstances d'ivresse nationale, comme il en est peu d'occasions dans la vie d'un peuple; il comprit aussi combien cette riche mythologie grecque, nécessaire pour l'ampleur de la phrase, était peu populaire en France, parce que trop différente de nos mœurs.

Pour des sentiments moins exaltés, la poésie d'Horace convient mieux : elle a le charme de la fraîcheur et l'aisance d'allure. L'épicurisme souriant du poète latin convenait aux goûts des Français du XVIe siècle, à l'esprit des Vendômois, des Tourangeaux et des Blésois, où la fine malice ne perd jamais ses droits, enfin au tempérament aimable et facile de Pierre de Ronsard.

C'est dans ce style charmant, où Ronsard rappelle le plus souvent les aimables qualités d'Horace, tout en y ajoutant des grâces minaudières qui ne sont qu'à lui, qu'il a chanté la fontaine Bellerie, les rives du Loir, la forêt ombreuse de Gâtine; c'est enfin dans ce style qu'il chante l'Amour et « Mignonne ».

A la Source du Loir

Source, d'argent toute pleine,
Dont le beau cours éternel
Fuit pour enrichir la plaine
De mon pays paternel,

Sois donc orgueilleuse et fière
De le baigner de ton eau :
Nulle française rivière
N'en peut laver un plus beau (1).

Virgile et Théocrite, Horace et Homère ont appris à Ronsard à regarder notre terre natale, car ils sont à la fois nos ancêtres et nos contemporains. Ils sont nos *ancêtres* parce qu'ils ont vu *avant nous* les lignes et les couleurs principales; ils sont nos *contemporains* parce qu'ils n'ont jamais chanté — et c'est là leur gloire — que l'*éternel des choses.* La forêt de Gâtine vaut celle d'Erymanthe, nos bocages du Vendômois sont aussi frais que ceux qui couvrent l'Arcadie, nos prairies valent celles du paysage autour de Mantoue, nos troupeaux sont aussi vivants, nos pasteurs et nos pastourelles ont si bonne grâce que Fouquet, ou Greuze, ou Watteau, ou Corot, à toute époque, aiment les peindre.

Mais ces poètes antiques, Virgile et Horace, et les autres, embellissent nos demeures et nos séjours; ils donnent à tous nos sentiments un prolongement merveilleux à travers l'espace lointain et le temps passé.

Ce que Ronsard célèbre dans sa fontaine Bellerie, dans ses rives du Loir, dans ses bocages vendômois, c'est la *jeunesse éternelle* de la terre.

(1) Edition Gauthier-Ferrières, p. 156.

Que tu te nommes Bellerie ou *Fons Bandusiæ*, petite fontaine,

Tu es la nymphe éternelle !

De même, ce qu'il célèbre dans Marguerite, dans la noble Cassandre, dans Marie, la fille d'auberge rencontrée aux jardins de Bourgueil, dans Hélène de Surgères, c'est l'impérissable beauté dont elles sont, chacune à sa manière, une vivante manifestation; cette impérissable beauté dont les hommes se transmettent le désir. Elles sont, elles aussi, la *Nymphe éternelle.*

En l'honneur de ces chères Amantes, relisons l'odelette qui débute ainsi :

Mignonne, allons voir si la rose.

Odelette philosophique

Mignonne, allons voir si la rose,
Qui ce matin avait déclose
Sa robe de pourpre au soleil,
A point perdu, cette vesprée,
Les plis de sa robe pourprée
Et son teint au vôtre pariel.

Las ! voyez comme en peu d'espace,
Mignonne, elle a dessus la place
Las ! las ! ses beautés laissé choir !
O vraiment marâtre nature,
Puisqu'une telle fleur ne dure
Que du matin jusques au soir !

Donc, si vous me croyez, mignonne,
Tandis que votre âge fleuronne,
En sa plus verte nouveauté,
Cueillez, cueillez votre jeunesse ;
Comme à cette fleur, la vieillesse
Fera ternir votre beauté.

Ronsard reprendra souvent ce motif, sans lassitude ni redite.

Une autre variation sur le même thème, ce sera le fameux sonnet à Hélène :

Quand vous serez bien vieille, au soir, à la chandelle...

N'oublions pas que Ronsard fut le Poète musicien par excellence, parce qu'il eut toujours un sens très exact des lois de la musique pure.

Il ne composait guère sans s'accompagner de son luth. Ses poésies doivent être non seulement lues à haute voix et déclamées avec expression, mais elles doivent, quand c'est possible, être accompagnées de la musique du temps (1).

L'influence d'Anacréon

A l'influence d'Horace, s'ajouta bientôt celle d'Anacréon.

Anacréon venait d'être retrouvé par Henri Estienne, qui l'avait publié en 1554. Alors que Pindare se distingue par son emphase et son ton sibyllique de perpétuelle vaticination, Anacréon est simple et concis, d'une simplicité et d'une concision toutes de finesse et de légèreté.

Ronsard, désormais, renonce à l'obscur, compliqué et tortueux Pindare pour le « doux Anacréon ».

Beaucoup de poètes, après Ronsard, ont imité Anacréon. Nul mieux que Ronsard n'en a conservé, sinon la concision, du moins l'élégante naïveté et la grâce exquise.

A l'exemple d'Anacréon, notre poète manie avec une dextérité sans pareille les petits vers de huit syllabes.

Voici une inspiration anacréontique :

Versons ces roses sur ce vin
Près de ce vin versons ces roses,
Et buvons l'un à l'autre, afin
Qu'au cœur nos tristesses encloses,
Prennent en buvant quelque fin.

Anacréon, le premier, a fait entendre la louange du vin et des roses, comme seuls, plus tard, les poètes de la Perse pourront la chanter.

(1) Nous avons eu la bonne fortune de trouver quelques morceaux de musique du XVIe siècle ramenés à notre notation moderne sans offenser le style général. Surtout, nous avons eu le rare bonheur de trouver de gentilles interprètes dirigées par des professeurs dévoués.

Verse donc et reverse encor
Dedans cette grand'coupe d'or ;
Je vais boire à Henri Estienne
Qui des Enfers nous a rendu
Du vieil Anacréon perdu
La douce lyre téienne (1).

C'est sur ce rythme délicat et charmant que Ronsard écrira sa dernière odelette, *A son Ame* :

A son Ame

Amelette Ronsardelette,
Mignonnelette, doucelette,
Très chère hôtesse de mon corps,
Tu descends là, faiblelette,
Pâle, maigrelette, seulette,
Dans le froid royaume des morts.

Toutefois simple, sans remords
De meurtre, poison et rancune,
Méprisant faveurs et trésors
Tant enviés par la commune,
Passant, j'ai dit : « Suis ta fortune ;
Ne trouble mon repos : je dors (2) ! »

« Ainsi, de 1550 à 1554, l'humaniste gêne le poète : il veut pindariser et n'aboutit souvent qu'à des « Odes » froides, heurtées, inspirées par un feu de tête (*Odes* et *Amours de Cassandre*). Dès 1554, baissant d'un ton les cordes de sa lyre, il trouve la note personnelle, gracieuse, vive et forte pourtant (3). »

Puis, à partir de 1554, grâce à Horace et à Anacréon, Ronsard apprit à se déprendre de l'enflure pindarique et à revenir à l'aisance et au naturel. « Anacréon eût souri en lisant les *Amours de Marie* (4). »

(1) *A mon laquais.*
(2) Edition Gauthier-Ferrières, p. 233.
(3) Léo Claretie, *Histoire de la Littérature française*, t. I, p. 369.
(4) *Ibidem.*

Ronsard poète élégiaque et poète rustique

Or, parmi les inspirations qui animèrent Ronsard, les deux plus naturelles, les deux plus instinctives furent l'*élégiaque* et la *champêtre*.

La plaintive élégie fait entendre sa note partout dans Ronsard, non seulement dans ce qu'il appelle des *Elégies* et qui souvent n'en sont pas, mais des satires, des dialogues ou des chansons, mais encore dans ses Sonnets, dans ses Odes.

A tout instant, perce la *note mélancolique* qui est la caractéristique de Ronsard. C'est là que notre poète Renaissant se rapproche des Romantiques, par ce lyrisme tout intime, « voilé de tristesse et de songerie ».

Citons sur ce point l'*Election de mon Sépulcre* ou la *Mort de Marie*.

Sur la Mort de Marie

Soit que tu vives, près de Dieu,
Ou aux Champs Elysées, adieu,
Adieu cent fois, adieu, Marie ;
Jamais Ronsard ne t'oubliera,
Jamais la Mort ne déliera
Le nœud dont ta beauté me lie.

Comme on voit sur la branche au mois de mai la rose
En sa belle jeunesse, en sa première fleur,
Rendre le ciel jaloux de sa vive couleur,
Quand l'aube de ses pleurs au point du jour l'arrose ;

La grâce dans sa feuille et l'amour se repose,
Embaumant les jardins et les arbres d'odeur ;
Mais battue ou de pluie, ou d'excessive ardeur,
Languissante, elle meurt, feuille à feuille déclose.

Ainsi en ta première et jeune nouveauté,
Quand la terre et le ciel honoraient ta beauté,
La Parque t'a tuée, et cendre tu reposes.

Pour obsèques, reçois mes larmes et mes pleurs,
Ce vase plein de lait, ce panier plein de fleurs,
Afin que, vif et mort, ton corps ne soit que roses (1).

(1) Edition Gauthier-Ferrières, p. 67.

Comme chantre de la poésie *rustique*, Ronsard apparaît encore le premier de son siècle. Il a aimé la Nature spontanément, directement, bien avant que ses yeux n'eussent ouvert les livres. Même hanté des souvenirs de Virgile et d'Horace, il peut errer dans les prés ou dans les bois, un livre à la main : *le charme de la nature est toujours pour lui plus fort*. Toutes les fois qu'il le peut, il quitte Paris pour Croix-Val et la forêt de Gâtine, les rives du Loir, la fontaine Bellerie ou Saint-Côme; si son service s'oppose à ce lointain voyage, il se lance dans de fraîches randonnées aux alentours de la capitale, à Saint-Cloud ou à Arcueil (Hercueil), à Vanves ou à Gentilly, le long de la Seine ou le long de la Bièvre. A Fontainebleau, il se complaît dans le parc avec ses sables, son étang, ses roches et ses sapins.

Sans doute, il peuple la nature de sylvains et de nymphes, mais c'est parce qu'il voit non seulement le magnifique décor *extérieur* des choses, mais qu'il en devine et pressent l'*âme intérieure* délicate et subtile.

La Nature n'est pas une Matière inerte : elle a une Ame qui répond à la nôtre, qui s'associe à nos joies et à nos peines, qui est la confidente de nos songes et, qui sait? peut-être aussi, la consolatrice de nos tristesses.

En cela encore, ce Poète du XVIe siècle est bien frère de nos Poètes romantiques du XIXe siècle.

Donc, Ronsard est un poète qui sent la nature et vibre à l'unisson avec elle; c'est aussi un peintre fidèle des contours exacts, brillants et colorés des choses.

Et, en vrai poète comme en vrai peintre, il sait trouver les mots qui résument et interprètent tout un ensemble de lignes, de couleurs et de mouvements. Donc, jamais il ne donne une définition sèche, incolore, abstraite des objets; mais une image réelle, mobile et vivante, vibrante et chaude de l'amour même du Poète pour elles.

Deuxième période (1560-1574)

Dans la deuxième période, de 1560 à 1574, il est le *poète de la Cour* et le *poète de la Nation*.

Poète courtisan, il écrit ses *Mascarades*, ses *Bergeries*, ses *Elégies*.

Poète national, il compose son *Institution pour l'adoles-*

cence du Roi, les *Discours des Misères du temps*, la *Remontrance au Peuple de France*. C'est alors qu'il *fait entendre les accents de la grande Poésie satirique*.

Enfin, son *Discours contre je ne sais quels prédicantereaux et ministereaux de Genève* est d'une belle fierté et d'une noble philosophie s'opposant à l'hypocrite mômerie. Ici l'accent s'élève. Ici Ronsard fait vraiment œuvre de Citoyen et de *Vates*, au sens religieux du mot. Au nom de la Patrie comme au nom de la Poésie, pour lui forme suprême du Bien et du Beau, il déplore les querelles intestines qui déchirent les Français entre eux. Il attaque, dans le Protestantisme, non tant les doctrines que les menées subversives sociales, politiques et morales, dues à des influences étrangères; il sent bien que ce ne sont pas les doctes et paisibles exégètes de Meaux assemblés autour de l'évêque Brissonnet qui sont dangereux, mais ceux qu'il a en vue ce sont surtout ces Allemands venus par Strasbourg ou ces étrangers venus par Genève, plus armés de couteaux et de pistolets que de paroles de charité. Quelle que soit son amitié pour certains Protestants bien français, la politique en double partie de l'amiral de Coligny lui cause un malaise, alors qu'il ne cesse d'aimer le cardinal Odet, devenu protestant.

Il sent bien que les choses religieuses ne se résolvent pas par la violence. A tous, Catholiques et Protestants, Guisards ou Bourbons, partisans de Condé ou des Politiques, il veut faire entendre la voix de la Conciliation. C'est la même leçon qu'il prêche aux Rois, à Charles IX, à Catherine de Médicis, à Henri III.

Ce dont son cœur souffre surtout, c'est de voir les ruines causées aux vieilles églises, aux beaux châteaux, aux riantes villes par les excès des deux partis, mais surtout par le fanatisme des troupes allemandes louées par les divers chefs catholiques ou réformés.

Il y eut des destructions effroyables en 1562 et en 1567. Heureusement pour Ronsard, il ne vécut pas assez pour voir Vendôme, sa chère ville, mise à sac, en 1589, par Henri de Navarre, lui-même seigneur de Vendôme, parce qu'elle était défendue, au nom du roi, par un ligueur.

Quel que fût son enthousiasme pour la maison des Bourbon-Vendôme, pour ce prince Henri dont il avait célébré avec joie la naissance, dont il souhaitait l'avènement lorsqu'il vit Henri III sans enfants, je crains bien cependant que le gentilhomme vendômois n'eût jamais pardonné à son roi légitime d'user aussi rigoureusement des lois de la guerre, s'il avait été témoin du sac de 1589.

La Poésie épique

En cette même période, Ronsard essaya de la *Poésie épique*. Il composa *La Franciade*.

La Franciade est deux fois manquée. 1° Le vers décasyllabe ne convient plus; mais ce vers lui avait été imposé par le Roi. Il eût fallu recourir à l'alexandrin, auquel Ronsard avait enfin donné la majesté, la souplesse et l'harmonie. 2° *La Franciade* est une épopée artificielle. Les dieux, objets de la foi antique, ne sont plus que des machines ou des accessoires.

Comme le dit Théodore de Banville : « Les Iliades sont achevées par ceux qui les font sans s'en douter, sans vouloir les faire; le génie est éminemment inconscient. » Mais ce n'est qu'une partie d'explication. Car, après *L'Iliade*, il y a eu Dante, il y a eu le Tasse, il y a eu l'Arioste.

Tel fut le malheur de Ronsard, à savoir d'avoir voulu faire une œuvre consciente et savante et d'avoir pris pour accessoire, sous forme de Mythologie, ce qui, en réalité, était une Religion sincère et véritable, c'est-à-dire le meilleur du tréfonds de l'homme au temps où il était païen. Il aurait dû prendre un héros national entouré des légendes pieuses chrétiennes. *La Jérusalem délivrée* aurait dû l'amener à comprendre le rôle important du vrai mysticisme.

Le poème devait avoir vingt-quatre chants; Ronsard n'en écrivit que quatre : cela prouve assez que l'ennui avait gagné jusqu'au Poète lui-même. Pourtant, son désir de chanter la Genèse de la Formation de la Gaule était d'une haute noblesse.

Le héros de cette *Franciade* est un certain *Francus*, jusque-là inconnu, et qui aurait été un fils d'Hector et d'Andromaque échappé au siège de Troie. Tel Enée venant en Italie transplanter ses Pénates et fonder Rome, tel Francus serait venu en Gaule et aurait fondé la dynastie des Mérovingiens, à laquelle se rattacherait celle des Carolingiens.

Troisième période (1574-1585)

A cette période beaucoup moins féconde que les deux autres appartiennent trois séries d'œuvres :

Les dernières pièces du *Bocage Royal;*

Les *Sonnets à Hélène* (1578);

Les dernières *Amours.*

C'est là que son génie est le plus personnel, le plus grave et le plus pénétrant.

CHAPITRE II

2° L'Œuvre de Ronsard étudiée selon les genres littéraires

Il est bien entendu, après les suggestions précieuses de Brunetière sur l'Evolution des Genres, qu'il ne saurait plus être désormais question de genres rigoureusement délimités à la manière des Rhétoriques du Second Empire. Mais si, sous le nom de Genres, nous n'entendons faire entendre que des Cadres souples, ce rappel d'anciens termes peut être utile pour classer nos observations.

C'est à ce titre que nous nous reprenons à les mentionner.

Une autre manière d'étudier l'œuvre de Ronsard est d'en grouper les différentes parties selon les différents *Genres littéraires.*

Il y aurait ainsi quatre groupes différents :

A Les *Amours;*

B Les *Odes*, les *Hymnes* et les *Poèmes;*

C *La Franciade* et les *Discours;*

D Les *Sonnets à Hélène.*

***

A. — Il commence sa vie par la *Poésie amoureuse;* de même il la terminera. Du lyrisme artificiel, il aboutit au lyrisme de libre épanchement.

Les *Amours* sont de la vraie poésie lyrique. Les sentiments sont courtois et subtils, parfois jusqu'à tomber dans l'artificialité; mais toujours le mouvement du Sonnet marche sans aucun arrêt vers sa fin. Même corrigés, ces *Sonnets* semblent toujours avoir été fondus d'un seul jet. D'ailleurs, plus Ronsard avance dans la vie, plus ses sentiments sont sincères, plus son inspiration se dégage de toute imitation. Au dernier Recueil des *Sonnets à Hélène*, laissant tous les faux ornements mythologiques ou les subtilités de sentiments, il exprime franchement des pensées graves et de haute mélancolie.

Ce sont les *Amours* qui, aujourd'hui, attirent le lecteur.

***

B. — Pour les contemporains de Ronsard, leur admiration allait de préférence vers les *Odes* et les *Hymnes*. Ils y admiraient à la fois la *diversité des tons* et la *variété des rythmes*.

1° *Pour la diversité des tons*, il y a des œuvres qui sont pindariques, tandis que d'autres sont horatiennes; il y en a de « bachiques » et de « gauloises »; il y en a d' « héroïques », il en est d'autres qui sont « élégiaques ».

2° *Pour la variété des rythmes*, Ronsard n'a pas son égal comme créateur.

Il y a, enfin, ici comme dans les *Amours*, l'*ampleur de souffle* qui permet à l'auteur de développer sa pensée dans les replis majestueux d'une longue période, musicalement construite.

Dans ces *Hymnes*, l'élément descriptif venant à se glisser, le Lyrisme évolue sensiblement vers l'Epopée.

Comme ampleur de souffle, l'*Ode au chancelier de L'Hospital* est à citer..

Comme exemple de poésie épique, il faudrait, parmi les *Hymnes*, citer *Castor et Pollux*, l'*Hymne de l'Or*, l'*Hymne de la Mort*.

Mais, déjà, le mouvement épique évolue vers la prose oratoire.

La Franciade est une tentative qui ne fut pas heureuse. D'une part, parce que l'Epopée antique et païenne est un non-sens dans une société chrétienne et moderne; d'autre part, parce que l'épopée savante est toujours artificielle, la seule épopée possible étant l'épopée populaire et religieuse, c'est-à-dire une œuvre de foi naïve, et non une invention due au caprice d'un artiste; parce que, enfin, l'inspiration poétique se retirant de Ronsard, le prosateur ou l'orateur se développent en lui. Du reste, pendant les Guerres de Religion, les circonstances ont poussé Ronsard à déployer ses talents oratoires et l'ont détourné de la Poésie.

***

c. — Ses *Discours sur les Misères de ce temps* sont à la fois de la Poésie Lyrique et du Genre oratoire, parce que ces deux genres sont apparentés.

Ils le sont surtout par les grands thèmes primordiaux sur lesquels ils roulent.

L'inspiration religieuse et patriotique qui anime alors Ronsard montre quelle force un Orateur peut puiser dans les thèmes lyriques, lorsque, comme Ronsard, l'orateur est doublé d'un poète.

***

d. — A mesure que le génie s'avance dans la vie et dans la maîtrise de l'Art, il simplifie; il supprime le détail et ne réserve que l'essentiel.

La philosophie déçue de Ronsard, la tristesse qu'il ressent de l'état troublé du royaume, lui font une nécessité de parler fort et franc. Ses *Amours pour Hélène* sont une leçon donnée aux générations nouvelles : la vie est courte, les plus belles choses ne durent qu'un moment, tout n'est que vanité, jouet et colifichet. En un mot, ses amours personnelles ne font plus qu'illustrer, douloureusement ou mélancoliquement, les quatre ou cinq grandes Idées primordiales sur lesquelles repose toute la Pensée humaine : *Vie et Néant, Gloire et Poussière, Amour de la Vie, Crainte de la Mort, Sacrifice à la Patrie.*

Le disciple de Pindare et d'Anacréon, d'Homère et de Virgile, l'émule de Pétrarque, le voluptueux épicurien fait entendre, parfois, des paroles aussi désenchantées que celles de l'auteur de *l'Ecclésiaste.*

IVe PARTIE

L'ART DE RONSARD

Pour apprécier l'art de Ronsard, il faut distinguer les différents moments de son activité et les objets divers auxquels elle s'adressait.

Il y a en lui un poète *renaissant*, un poète *novateur*, un poète *courtisan*, un poète *citoyen*, un poète *personnel*.

***

Poète *renaissant*, il a tenté et réussi un mouvement unique dans l'histoire des littératures : il a fait faire machine en arrière à toute la France et, après elle, à toute l'Europe, en réalisant dans les arts littéraires ce qui s'était accompli dans les arts plastiques; à savoir : le *retour au culte intégral de la Beauté antique*.

Evidemment, il y a quelque chose d'artificiel dans ce culte d'une nation pour des civilisations abolies. Mais ce poète renaissant et humaniste nous a rappelés au culte de la Grèce et de Rome et nous a fait sentir : 1° quelles étaient nos origines lointaines; 2° quelles étaient, dans l'Art, les idées principales et les formes essentielles que la vie moderne, plus compliquée, nous fait perdre de vue.

Il nous a ramenés en arrière vers la Beauté; mais aussi vers l'Artificiel, et aussi un peu vers une Mythologie compliquée. N'oublions pas cependant que ces dieux et déesses, qui encombrent sa littérature, font le charme de la peinture et de la sculpture de trois siècles au moins : le XVIe, le XVIIe et le XVIIIe.

D'autres l'ont tenté dans la Pléiade, à côté de lui. Aucun n'a réussi, sauf Ronsard.

Ce qu'il a ressuscité, ce sont les humanités classiques : comme Amyot et Montaigne, mais plus énergiquement, vu la maîtrise du verbe et des rythmes poétiques; il a prêché le culte de l'Homme fort et libre, le culte de l'Héroïsme, le dévouement à la Patrie.

Il a été un poète *novateur*.

Ce poète tourné vers l'Antiquité, ce résurrecteur du passé mort, a voulu, cependant, créer du *Nouveau*. Admirateur fervent de l'Antiquité, il n'a pas, comme Baïf, voulu imposer à la langue française une versification fondée sur la poésie latine; il a su créer des *rythmes nouveaux*, ou, s'il ne les a pas tous créés, il leur a donné une telle force, grâce à la sève brûlante qu'il a déversée en ces formes, qu'il les a sauvées de la mort et leur a donné une vie immortelle.

Il a su penser et sentir par lui-même, et d'une façon si personnelle, les vieux thèmes de la pensée gréco-latine, qu'il leur a insufflé une fraîcheur nouvelle dans une forme nouvelle.

Même lorsqu'il imite Horace et son *Ode à la Fontaine de Bandusie*, il a devant lui la *Fontaine Bellerie*. Si, tout en rêvant sous les ombrages de Gâtine et sur les bords du Loir, il mêle à ses impressions des souvenirs de Virgile, disons qu'il a donné une telle unité à cet amalgame qu'il en a fait un Tout nouveau.

En quoi consiste la Création dans l'Art? Dans l'Idée ou dans la Forme? Dans le Sujet ou dans le Traitement?

Rubens peignant la *Descente de Croix* a-t-il changé un iota à l'iconographie admise? Quelle différence y a-t-il entre son tableau et les milliers d'autres « Descentes de Croix »? Simplement la question *couleur*.

Quelle est donc l'originalité de Ronsard? Elle est dans la forme *mélodique*, bien personnelle ou bien nouvelle, qu'il a su donner à un thème si connu qu'il risquait d'être trivial, et auquel son génie seul a pu prêter un aspect encore insoupçonné.

Horace avait dit : *Carpe diem.* Si belle qu'elle soit dans sa concision, sa phrase n'aura jamais, pour les oreilles françaises, les inouïs retentissements qu'excite en nous l'harmonieuse trouvaille de Ronsard :

> Vivez si m'en croyez, n'attendez à demain ;
> Cueillez, dès aujourd'hui, les roses de la vie.

La nouveauté, elle est dans la métaphore des *Roses*.

La nouveauté, elle est dans la *musique* du vers, où les

divers timbres de voyelles se succèdent dans une délicate harmonie.

Elle est aussi dans la structure nerveuse de la phrase.

Quelle *philosophie* trouvera jamais une formule aussi scientifiquement vraie, aussi rythmiquement heureuse que celle qui termine l'*Elégie XXX : Contre les Bûcherons de la Forêt de Gâtine* :

La Matière demeure et la Forme se perd?

⁂

Mais, direz-vous, il a ramené une Mythologie un peu encombrante, un peu trop compliquée. D'accord.

Pourtant, ce n'est pas l'accessoire qu'il faut maudire. Il vaut ou ne vaut pas, selon le parti, bon ou mauvais, que l'artiste en sait tirer.

La Mythologie classique est peut-être bien froide et bien pédantesque dans les peintures exécutées au Louvre ou à Fontainebleau, sous le règne de Louis-Philippe ou de Napoléon III. Irez-vous la supprimer dans Prud'hon, dans Corot?

Pourquoi cette *Danse des Nymphes au matin*, par Corot, semble-t-elle à la fois si vraie et si poétique? Sinon parce que la vision réelle des brumes légères se prolonge, par le rêve, des figures aériennes que cette vision ne manque pas d'évoquer dans nos cerveaux songeurs?

Cette introduction de la Mythologie classique, c'est à la fois une Réaction artificielle et une Suggestion de Création inattendue. Ces formes magnifiques, que l'Art a mis des siècles à trouver et arrêter, il faut, soit les *garder* pour de nouveaux symboles, soit les faire *évoluer*.

Depuis le Taureau ailé de Babylone jusqu'aux Anges de la Plastique française du XIIe au XIXe siècle, que de transformations!

Il en est de même de toutes les formes artistiques.

Sans doute, l'Idéal, pour l'Art et l'Inspiration, paraît être la Liberté absolue. L'expérience enseigne, cependant, que les règles sont toujours un appui précieux, que le nombre des combinaisons heureuses étant rares, il faut ne pas mépriser celles qui ont pu se maintenir.

La *Mythologie classique*, l'*Architecture classique* ont produit des chefs-d'œuvre : le Louvre et Versailles, la *Phèdre* de Racine, en sont des preuves.

La Mythologie introduite par Ronsard n'a donc pas été une erreur : Boileau, qui le méprise, n'a jamais éprouvé les beaux frissons de Ronsard, en présence de ces belles ou gracieuses divinités.

A tout profane qui pourrait médire de la Mythologie, je répondrai : « Allez, un matin de la belle saison, au Jardin de Diane, à Fontainebleau, et, certes, je ne vous demande pas de m'expliquer ce que vous aurez senti, mais je suis bien sûr que vous n'aurez pas passé *indifférent.* »

Croyez-le, Mesdames et Messieurs, ces Dianes, ces Vénus délicieuses qui ornent nos parcs royaux à Versailles ou à Fontainebleau, à Chantilly ou à Saint-Cloud, ne seraient pas là si Ronsard ne les avait chantées.

Enfin, en un mot, Ronsard a introduit en France le *Classicisme* tout entier : retour à l'antiquité, nature des genres, forme du vers.

Rayer Ronsard de la littérature, c'est pour ainsi dire supprimer le grand citharède qui a charmé l'oreille des rois et excité les sculpteurs qui s'appellent Goujon ou Pilon; rayer Ronsard, c'est rayer cette double antiquité grecque et latine; c'est rayer le classicisme et deux siècles de notre littérature, c'est rayer Corneille et Racine.

Cette double antiquité, l'Italie nous l'aurait imposée tout de même, direz-vous. Oui, mais pour un temps seulement. C'est Ronsard qui a *rendu* nationale cette Pensée ancienne ou exotique. D'ailleurs, l'Italie nous eût imposé une imitation de l'antique encore plus servile.

***

Poète courtisan, Ronsard a dû, sur commande, tout comme cent ans plus tard le fera Molière, rimer telle *Eglogue,* telle *Bergerie,* telle *Mascarade.* Ne disons pas que ces œuvres sont « insipides parce qu'elles sont fausses ». Toute œuvre d'art est conventionnelle. Elle n'*imite* pas la nature. Elle la *recrée* sous une autre forme. A côté du réel, analogue à la nature, l'imagination peut concevoir des formes idéales qui expriment son rêve. Les comédies-ballets, le grand opéra, sont des formes du romanesque ou du surréalisme.

Ne disons pas non plus qu'elles sont ennuyeuses, sans vouloir les examiner.

La poésie anglaise, de Spenser et Shakespeare à Milton lui-même, est remplie de beaux poèmes allégoriques comme *La Reine des Fées*, de charmantes comédies romanesques comme *Beaucoup de bruit pour rien* ou *Le Songe d'une nuit d'été*, ou de *Masques* vraiment divins de chaste et naïve beauté, tels que le *Comus* de Milton. Les Idylles ont toujours été à la mode : de *L'Astrée* à *Paul et Virginie*, elle est longue la série de ces *Bergeries sentimentales*.

Iriez-vous les supprimer?

Il y a dans les *Mascarades*, c'est-à-dire dans les œuvres analogues composées par Ronsard, des perles rares : qu'un compositeur en transmue certaines en opéras, en saynètes ou comédies-ballets, avec chants et musique, tout le monde criera à la merveille.

⁂

Le poète citoyen. — Ronsard a su être courtisan. C'était la forme requise par les convenances qui réglaient alors les rapports du Poète et des Grands ou du Prince. La société féodale (1) s'accommodait très bien de cette étiquette. Cela n'empêchait nullement la franchise des sentiments. Quand il a cru de son devoir d'élever la voix, de faire la leçon aux Rois, aux Peuples, aux Partis, il l'a fait avec une gravité et une chaleur qui prouvent l'élévation de sa pensée et la grandeur de son amour pour la chose publique. Avoir osé parler si nettement aux Catholiques comme aux Protestants, avoir prêché la tolérance et la conciliation, témoigne d'un haut et rare courage. Le sang de ses preux aïeux parle en lui dans ces circonstances. Il est comme La Trémouille et comme Bayard : absolument Sans Peur.

L'épicurien qu'il était montre que son épicurisme n'avait rien de commun avec la mollesse et la lâcheté. Il aime son Roi et ses ducs de Vendôme, sa France et son Vendômois d'un amour intense.

Il aime son Roi, mais il sait lui faire entendre de graves et grandes leçons :

(1) La société est féodale pour le régime des biens et des personnes jusqu'en 1789, bien que le gouvernement ne soit plus féodal depuis au moins François Ier.

A un Roi

Sois paré de vertu, non de pompe royale :
La seule vertu peut les grands rois décorer.
Sois prince libéral : toute âme libérale
Attire à soy le peuple et se fait honorer.

Porte dessus le front la honte de mal faire,
Aux yeux la gravité et la clémence au cœur,
La justice en la main, et, de ton adversaire,
Fût-il moindre que toi, ne sois jamais moqueur.

Rends le droit à chacun, c'est la vertu première
Qu'un roi doit observer ; sois courageux et fort ;
La force du courage est la vive lumière
Qui nous fait mépriser nous mêmes et la mort.

Méprise la richesse et toutesfois désire,
Comme roi valeureux, d'augmenter ton bonheur.
Et par armes un jour agrandis ton empire,
Moins pour avoir du bien que pour avoir honneur (1).

Le poète personnel. — Ce poète, qui prit pour modèles tant d'exemples antiques et qui crut, à leur imitation, que la fonction du poète est surtout d'être l'interprète de la *pensée commune*, sait cependant rester *personnel*.

Il a vu et senti profondément les choses. On songe trop souvent à ses modèles, mais il ne les a ouverts qu'à partir de 1543, c'est-à-dire lorsqu'il avait dix-neuf à vingt ans. Avant, de douze à dix-neuf ans, l'école de la vie — et quelle école, après tous les drames que je vous ai contés! — l'école de la vie l'avait déjà formé. La science livresque ne fut en lui que superficielle.

Il était déjà poète. Même d'Eglise, il se souvenait de sa jeunesse de page, de ses fonctions d'attaché à l'écurie du Dauphin, de ses prérogatives de Poète royal.

Son caractère. — L'homme fut affable et courtois, beau causeur, aimable compagnon pour ses égaux, délicat secrétaire pour ses supérieurs, galant empressé pour les dames,

(1) Eglogue I, *Bergeries*, t. IV, p. 42.

cœur pitoyable pour les pauvres, ami solide, toutefois, amant inconstant; amant inconstant, certes, mais amant révérencieux.

Ses erreurs de jeunesse sont amusantes, ses adorations de vieillard nous émeuvent, sa protestation indignée contre les lâches accusations des puritains de la Réforme nous a valu une confession qui n'est ni dénuée de malice ni privée de grandeur.

Ronsard et son influence

Son influence est considérable : toute la littérature française dérive de lui. D'abord la Classique, puis la Romantique, après la Parnassienne, enfin les Décadents. Pour ces littératures subséquentes, il a créé les « grands Genres ».

C'est lui qui a créé l'*alexandrin* sonore et souple, avec ses lois et ses restrictions, avec ses deux *accents fixes* au sixième et au douzième pied, ou plutôt au sixième pied de chaque hémistiche, et ses deux *accents mobiles* placés à l'intérieur de chaque hémistiche.

De par cette conception de l'alexandrin, Corneille et Racine, Lamartine et Victor Hugo sont ses disciples.

C'est lui qui a su donner à ce mètre la forme lapidaire et dense de pensée, où concision et fermeté soulignent l'opposition.

Voici des exemples dignes de Corneille :

Il aimait la vertu, il abhorrait le vice.

Voilà deux vers d'harmonie aussi racinienne que lamartinienne.

Là, dit-il à son amante :

Là, s'il te plaît venir, tu seras la maîtresse...
Nous vivrons et mourrons ensemble, et tous les jours,
Vieillissant, nous verrons rajeunir nos amours.

Cette harmonie, elle est dans les coupes, dans le vocalisme : aux voyelles graves, *an*, *on*, ou sourdes et langoureuses, *ou*, s'opposent les *i* de flûte aiguë et sanglotante.

Rappelez-vous ce vers de *Phèdre :*

Ariane, ma sœur, de quelle amour blessée
Vous mourûtes aux bords où vous fûtes laissée !

Dans Racine, les voyelles sourdes sont également *ou:* les voyelles aiguës et funèbres sont l'*i* et l'*u*, pendant que les voyelles graves sont *a* et *è*.

Après les sonorités, parlons des repos ou des coupes. Ronsard nous coupera un vers en deux groupes analogues : 2-4, 2-4, eu bien 4-2, 4-2, ou encore 3-3, 3-3, etc.

Sans grâce, sans maintien, sans geste, sans parole...

Il aura des vers sonores et escaladant les nues, tout comme Victor Hugo.

Parlant des Alpes, il dira : *Ces Alpes hautaines*

Qui soutiennent le ciel de leurs croupes chenues,
Nourrices de maints fleuves, à qui les grands torrents
Du menton tout glacé jusqu'aux pieds vont courants,
Qui portent en tout temps, sur leurs dos solitaires,
Les neiges, les frimas, les vents héréditaires...

A l'imitation des Romantiques, il rejettera la coupe médiane du sixième pied, quand nécessité sera.

Nous l'avons vu tout à l'heure :

Nous vivrons | et mourrons ensemble |, et tous les jours
Vieillissant | nous verrons rejeunir | nos amours.

C'est ainsi que déjà, chez Ronsard, apparaît le rythme ternaire, cher aux Romantiques de 1830, que révèle ce vers de Victor Hugo :

Hélas ! | que j'en ai vu mourir | de jeunes filles...

Son influence spirituelle

Il y a plus : les littérateures étrangères lui doivent beaucoup. Par exemple, la littérature anglaise.

A côté des formes, ne serait-il pas temps aussi de parler des Idées?

Plus nous allons, plus le monde se rétrécit, plus l'Inconnu s'explique.

Il semblait que Shakespeare fût un génie en dehors de l'humanité, ne fût-ce que par sa philosophie profonde.

Or, nous savons maintenant que le meilleur de sa philosophie, il le puisera dans le Plutarque de *Jacques Amyot*, traduit en anglais par North, ou dans les œuvres de *Montaigne*, qui, lui-même, doit beaucoup à Jacques Amyot.

Mais une phrase telle que celle-ci, qui paraissait si éminemment shakespearienne :

All the world's stage,

n'est qu'un emprunt fait à Ronsard.

Le monde est le théâtre et les hommes acteurs...
En gestes différents, en différents langages,
Rois, princes et bergers jouënt leurs personnages,
Devant les yeux de tous sur l'échafaud commun.

« Echafaud », au sens de « scène ».

⁂

A chaque instant, Shakespeare dit que *la vie n'est qu'un songe*.

Ronsard, avant lui, a dit :

Notre vie est seulement un songe...

⁂

Hamlet pense au voyage d'outre-tombe dont on ne revient plus.

Ronsard le nomme :

Ce long voyage d'où plus on ne revient...

⁂

Shakespeare, parlant de la pauvre guenille de notre corps vouée à la pourriture du tombeau, la nomme :

This muddy vesture of decay

(cette argileuse enveloppe de pourriture).

Ronsard dira que nous sommes, nous, humains :

Chargés de terre et de trépas (1).

***

En somme, la gloire de Ronsard recommence : l'ingratitude et la négligence, seules, nous font oublier les Nôtres, pour nous prosterner devant les Idoles mensongères de l'étranger.

La langue de Ronsard

La langue de Ronsard a un peu vieilli.

Comme il le dit lui-même :

Je fis des mots nouveaux, je rappelai les vieux...

En 1563, sa langue est un peu archaïque; en 1584, il l'a revisée et rajeunie :

Parforcé est devenu *maîtrisé*.

Siller a été remplacé par *voiler*, etc.

Toutefois, il reste encore des mots désuets qui, autrefois, étaient nobles et dignes, et aujourd'hui sont vulgaires et comiques :

Pour « chevelure », il dit *poil*, parfois *perruque;*

Pour « cœur » ou « poitrine », *estomac;*

Pour « sein », *tétin;*

Pour « gazouiller », *dégoiser;*

Pour « couché sur le dos », il emploie la tournure *couché à l'envers*, d'où la phrase : *il chante à l'envers* (il chante couché sur le dos);

Pour « haletant », il dit *pantois;*

Pour « homme de guerre », *gendarme;*

Pour de « grands héros », il dit : de *fameux gendarmes*.

Il abuse des épithètes locales (Dodonéen, Cythéréen, Dircéan ou Dircéen, Teian) lorsqu'il parle mythologie.

Mais c'est en vue d'augmenter la sonorité du vers, tout comme Victor Hugo introduit les noms espagnols ou hébreux.

(1) Jusserand, *Ronsard*, p. 193.

Il use à l'excès des diminutifs en *et, elle : âmelette, mignonnette.*

De ses mots nouveaux, il faut noter l'abus des diminutifs, que nous avons vu dans l'Ode à sa *Petite Ame : A son Amelette.*

C'est une faute qui semblait un charme en son temps. Les langues italienne et espagnole en ont gardé des exemples à profusion.

Mais que sont ces taches légères par rapport à ces phrases majestueuses ou guillerettes se déroulant, soit en mille arabesques capricieuses, soit en ondes sonores et solennelles comme des phrases d'orgue?

Celui qui a trouvé la métaphore hardie et effrayante de nos corps

Chargés de terre et de trépas,

est vraiment un créateur du Verbe.

Il a créé des mots inouïs, parce qu'il exprimait, pour la première fois, ce que d'autres avaient faiblement senti et plus imparfaitement rendu.

Qu'est-ce qu'un poète?

C'est un *Peintre*, c'est un *Musicien*, c'est un *Penseur*, et cela avec une Palette nouvelle, une Harmonie jusqu'alors inconnue, une Profondeur ou une Originalité sans exemple.

Ronsard, nous allons le voir, est un Vrai Poète, parce qu'à un suprême degré il charme la vision de l'imagination, l'oreille délicate éprise de rythmes, l'intellectualité la plus avide de vérité profonde.

Ronsard peintre

Le peintre, le voici dans un sonnet de 1556 :

J'ai l'âme pour un lit de regrets si touchée,
Que nul homme jamais ne fera que *j'approuche*
De la chambre amoureuse, encor moins de la couche,
Où je vis ma maîtresse au mois de mai couchée.

Un somme languissant la tenait mi-penchée
Dessus le coude droit, *fermant sa belle bouche,*

Et ses yeux dans lesquels l'archer Amour se couche
Ayant toujours la flèche à la corde encochée.

Sa tête, en ce beau mois, sans plus, était couverte
D'un riche escoffion ouvré de soie verte,
Où les Grâces venaient à l'envi se nicher.

Puis en ses beaux cheveux choisissaient leur demeure ;
J'en ai tel souvenir que je voudrais qu'à l'heure,
Mon cœur pour n'y penser fût devenu rocher.

Ronsard, comme tout vrai poète, est un vrai peintre, un grand peintre, et, bien plus, le premier peut-être parmi les grands maîtres.

Je voudrais bien, richement jaunissant,
En pluie d'or, goutte à goutte, descendre,
Dans le giron de ma belle Cassandre,
Lorsqu'en ses yeux le somme va glissant ;

Puis, je voudrais en taureau blanchissant
Me transformer, pour sur mon dos la prendre,
Quand en avril par l'herbe la plus tendre,
Elle va, *fleur*, mille fleurs ravissant ;

Je voudrais bien, pour abréger ma peine,
Etre un Narcisse, et elle une fontaine,
Pour m'y plonger une nuit à séjour ;

Et je voudrais que cette nuit encore
Fût éternelle ; et que jamais l'aurore
Pour m'éveiller ne rallumât le jour...

Comme l'a fait justement remarquer M. Brunetière : « Est-ce là l'accent de la passion? Est-ce là l'expression d'un artiste amoureux, ou n'est-ce pas plutôt l'expression d'un peintre s'extasiant devant les riches couleurs qu'il apporte à la transposition de son rêve? »

En tout cas, même s'il était amoureux de l'objet aimé, il l'est en même temps des belles couleurs qu'il emploie à le peindre. Pour lui, cette *pluie d'or*, ce *ton jaunissant*, ce *taureau blanchissant*, cette *herbe verdoyante*, cette *limpide fontaine*, ce sont des couleurs dont il se délecte avec volupté.

Brunetière, avec raison, a signalé dans les *Sonnets à Cassandre* (ce Recueil, soit dit en passant, que les Critiques ont l'air de trouver inférieur aux *Amours de Marie*) des transpositions en vers des toiles fameuses de Paul Véronèse nommées la *Danaé* ou *L'Enlèvement d'Europe*.

⁂

En vérité, Ronsard est un grand peintre, observateur attentif du moindre geste, du détail essentiel, de la couleur et de la ligne.

C'est une faculté très développée chez lui et que les critiques n'ont peut-être pas assez soulignée. Parce qu'il mêle la mythologie à ses sujets, le lecteur croit ne voir en ces détails que souvenirs livresques. En réalité, ce sont bel et bien des souvenirs colorés, personnellement perçus dans la Nature. Ronsard, musicien distingué, danseur émérite, était un vrai Français de la Renaissance, épris des diverses formes de l'Art. Ses souvenirs sont des réminiscences d'images colorées. Son éducation a été faite au contact de la Nature, mais aussi en présence des belles tapisseries des Flandres ou de France, en présence des riches enluminures des manuscrits, telles que celles des *Heures* d'Etienne Chevalier ou des *Heures* du duc de Berry ou d'Anne de Bretagne; parfois, grâce à l'apparition aussi des premiers livres imprimés à gravures; grâce enfin aux magnifiques fêtes des rues ou des palais, qu'on appelle des Pageants ou des Masques. Les souvenirs de Ronsard ont été empruntés à la vie ou à des reproductions précises de la vie. De là, chez Ronsard, cette précision et cette intensité.

Si l'on cite, comme exemple remarquable de poésie descriptive, le fameux vers d'Homère à Andromaque prenant congé d'Hector, lui tendant son enfant,

Dakruoen gelasasa

(en riant à travers ses pleurs), Ronsard a vu, en avril,

Rire et pleurer le soleil du printemps...

Tantôt il peint des scènes basses, triviales, rabelaisiennes ou horribles comme celles d'un Enfer; tantôt il raconte avec verve un déjeuner sur l'herbe; tantôt il note la chambre sombre où Hélène, vieillie, songe au milieu de ses servantes à demi sommeillantes.

Voulant célébrer *Cassandre*, il fait appel à toute la nature, rochers, bois, antres et ondes, pour l'aider à pousser sa plainte. C'est un décor de la nature, bien réel et toujours rempli de la fraîcheur primitive. C'est le décor de son cher Vendômois.

***

Le peintre, chez Ronsard, se montre encore dans sa manière d'adapter la Mythologie.

La Mythologie de Ronsard n'est qu'à demi antique; elle est différente de celle des anciens auteurs grecs ou latins qu'il lisait, mais bien voisine de la Mythologie interprétée au XVe siècle, en France et en Italie.

Cette Mythologie est une *transformation* de nos *Romans de Chevalerie* et de notre *Mythologie celtico-chrétienne*.

Avant de mourir, le moyen âge assiste à la métamorphose de ses fées en nymphes, de ses sombres sorcières en héroïnes lumineuses et passionnées. Les *Combats des Vertus et des Vices* reviennent à la mode plus que jamais; les *tournois* de chevalerie reprennent, et Henri II mourra dans une de ces reconstitutions d'un passé que l'on croyait mort depuis deux cents ans (1).

En réalité, la poésie anglaise de Chaucer au XIVe siècle, celle de Spenser au XVIe siècle, ont mêlé habilement Légendes du moyen âge et Mythologie antique.

L'Italie et l'Espagne ont fait de même en exaltant le côté chevaleresque et amoureux. C'est *La Jérusalem délivrée*, c'est le *Roland furieux*, ce sont les *Amadis*.

Les *Cartels* et *Mascarades* composés par Ronsard à Paris ou à Fontainebleau ne font que mettre en action ces formes si mouvantes et si colorées. On ne regardait pas seulement *défiler* la Légende et l'Histoire : les rois, les princes, la foule se mêlaient à l'action et jouaient leur rôle.

Après cela, il est étonnant que Ronsard, voulant composer une Epopée nationale, n'ait pas essayé, à l'exemple du Tasse, de reconstituer une Epopée des Croisades.

(1) Bellesort, *Sur les grands chemins de la Poésie classique*, p. 63.

Là, le merveilleux et l'héroïque se seraient mêlés au réel, le légendaire au fait historique. Le fond aurait été solide, l'atmosphère merveilleuse, la religion n'aurait été que le rêve exalté de toutes les croyances naïves ou grandioses des chrétiens, et non un décor de friperies antiques mal comprises.

Si Ronsard s'est trompé pour *La Franciade*, regrettons-le; car, peintre et musicien, ayant le sens de la pompe et du décor, il aurait certainement réussi dans l'Epopée comme il a réussi dans les *Cartels* et *Mascarades*.

D'ailleurs, de son temps, les fêtes publiques ne reposaient pas seulement sur des thèmes imaginaires. Celui qui nous raconte la prise de Metz, soit dans les *Hymnes*, les *Poèmes* ou les *Eglogues*, savait faire manœuvrer des foules dans toute l'ivresse de la victoire ou toute la fureur de la bataille. Or, de son temps, plus d'une manifestation dans les rues, en souvenir de ces grand faits d'armes, avait peuplé sa riche imagination de scènes animées et riches en couleurs.

Ce Poète est donc un peintre consommé. C'est au lecteur à s'en apercevoir, maintenant qu'il est averti.

Le poète musicien

Ronsard n'est pas seulement un poète, c'est un grand musicien.

Nous l'avons vu par le fond même de sa pensée. Il a voulu créer en France la grande Epopée, l'Ode solennelle et triomphale, l'Elégie de haute envolée, la Satire et le Poème didactique.

A ces pensers si nobles, devait correspondre un instrument poétique égal, une forme suffisante à porter ce grand œuvre.

Il a donc été, plus que nul autre dans la littérature, l'inventeur le plus fécond de rythmes heureux et nouveaux, en même temps qu'il restaurait le *Grand Vers*.

Son plus grand désir était de renouveler entièrement la Poésie française et de l'égaler au niveau des accents enflammés d'un Pindare, de la hauteur épique d'un Homère, ou de la profonde et douce mélancolie d'un Virgile.

Lorsque Ronsard parut, il y avait, d'une part, tout un stock de rythmes compliqués dans son perpétuel déplacement de la rime, à savoir : la *Ballade*, le *Rondeau*, le *Triolet*, le *Chant royal*, lequel stock remontait parfois au XIIIe siècle. Certes, au XVe et au XVIe siècle, il y avait eu des créations nouvelles avec les inventions de Le Maire de Belges et Marot; par exemple, la strophe de six vers décasyllabiques, celle de quatre vers décasyllabiques, celle de quatre vers octosyllabiques, puis celle de cinq et de sept vers décasyllabiques; celle enfin, retenue par Ronsard lui-même dans son *Bel aubespin fleurissant, verdissant*, qui est composée de six vers de sept syllabes, sauf le second et l'avant-dernier qui ne comptent que trois syllabes.

Il y avait enfin le *Sonnet*, nouvellement importé par Marot et Saint-Gelais, et la *terza rima*, essayée par Le Maire.

Mais tous ces rythmes, sauf le Chant royal et le Sonnet, étaient un peu courts et grêles.

Ronsard a créé de nouveaux rythmes ou assoupli des rythmes anciens dans lesquels sa phrase se déroule avec ampleur ou aisance gracieuse.

Il a surtout créé *l'alexandrin moderne.*

***

Jusqu'à Ronsard, l'*alexandrin* avait très imparfaitement vécu. Il n'en avait pas moins plus de quatre siècles d'existence, car il apparaît déjà dans le *Voyage de Charlemagne à Jérusalem*, qui est de la fin du XIe siècle. Au XIIe siècle, le succès retentissant du *Roman d'Alexandre* lui avait donné son nom. Au XIIIe siècle et pendant la première moitié du XIVe, il avait été en si grande faveur, qu'un grand nombre de chansons de geste, écrites primitivement en décasyllabes, avaient été recomposées en alexandrins.

Puis, ce mètre parut lourd; il tomba en désuétude, sous l'influence des romans satiriques, des ballades malicieuses ou sentimentales; enfin, il fut oublié.

Au XVIe siècle, quand parut Ronsard, le *décasyllabe* était seul en faveur auprès des poètes comme auprès du public. Marot n'écrit que trois ou quatre épigrammes en alexandrins : le vers de dix syllabes est son vers favori.

Les critiques du XVIe siècle trouvent l'alexandrin pesant et fait seulement pour les choses graves. C'est ce qu'écrit Thomas Sibilet en 1548, dans son *Art Poétique*, c'est-à-dire un an ou deux avant le manifeste de la Pléiade, *Défense et Illustration de la Langue française*, par Du Bellay.

Le décasyllabe plaisait par son allure trotte-menu; il se prêtait aux choses piquantes, à la raillerie, à l'histoire malicieuse. Il avait de la verve, mais il manquait de noblesse.

C'est Ronsard qui a ressuscité le vers alexandrin et l'a rendu capable de porter la Pensée : ce vers, déjà grave, s'est élevé aux plus sublimes hauteurs du Lyrisme, a pu servir de moyen d'expression des pensées politiques ou morales, tout en restant capable de prendre le ton agressif de la satire ou le mol abandon de la plainte élégiaque.

Pour certains métriciens, dont Robert de Souza, Ronsard a fixé d'une manière absolue la césure à la sixième syllabe, obéissant ainsi à la plus ancienne tradition.

Car, en effet, l'alexandrin paraît dérivé de l'asclépiade latin :

Mœce | nas, atavis | edite re | gibus (1).

Et les *dodécasyllabes toniques* des hymnes du moyen âge présentaient la même structure :

Sit Deo gloria et benedictio
Johanni pariter, Petro, Laurentio (2).

Cependant, dans mainte occasion, il est, dans les chansons des XIIe et XIIIe siècles, d'autres césures :

Césure après la troisième et la huitième syllabe;

Césure après la quatrième et la neuvième syllabe.

Même Marot, dans la quarantaine d'alexandrins qu'il a composés, efface la césure de la médiane et la reporte à la troisième et à la huitième syllabe.

En fixant la césure au milieu du vers, Ronsard a privé l'alexandrin d'une certaine souplesse et d'une certaine variété. Le poète, du reste, en est quitte pour user largement de l'enjambement. A tel point que, n'ayant pu contenir les membres de phrases dans les bornes naturelles de l'alexandrin, Ronsard, sentant que son vers ne rendait pas tout ce qu'il en avait espéré, en est revenu au décasyllabe héroïque des chansons de geste dans sa *Franciade*.

(1) Un spondée, suivi de deux choriambes, terminé par un ïambe.
(2) Accent sur les syllables paires : *De, glo, a*, etc.

Nous savons que *La Franciade* est une erreur. Non seulement de fond, mais aussi de forme métrique.

Que Ronsard n'ait pas été satisfait de l'alexandrin, c'est probablement par ce mécontentement naturel aux artistes, qui visent toujours à plus haute perfection.

Son alexandrin aurait pu être un peu plus souple, sans doute. Mais, avec lui, le vers, démembré naguère, se tient sur ses pieds, marche, court et vole. C'est quelque chose, il nous semble.

L'enjambement, seul, chez Ronsard, va parfois trop loin, puisqu'il couvre parfois tout un hémistiche.

Nous croyons, pour nous, que Malherbe a été absolument néfaste avec sa théorie de l'appauvrissement de la langue et de la fixation du rythme. Contre M. Souza, prétendant que Ronsard a gardé d'une façon trop absolue la césure au sixième pied, nous croyons que, lorsqu'il lui plaît, notre poète sait, lui aussi, user de rythmes ternaires, où la coupe médiane a disparu et où la césure se fait avant et après le sixième pied. Nous en avons donné des exemples. De même qu'il y a dépassement d'un hémistiche sur l'autre par suppression de la césure médiane, de même il y a enjambement d'un vers sur l'autre par suppression de la césure finale. Nous n'y reviendrons pas.

Pour nous, Ronsard est, sans contestation aucune, le vrai créateur de l'alexandrin moderne.

C'est dans la « Littérature militante », dans ses *Discours* (*Discours sur les misères de France, Remontrance au Peuple de France, Réponse aux calomnies des prédicans, Institution pour l'adolescence du roi Charles IX*) que son alexandrin est le plus ample et le mieux sonnant, soit qu'il soit superbement lyrique ou âprement satirique.

Sans doute, il est essentiellement lyrique; mais parfois il devient oratoire.

Il prépare donc, de loin, le mouvement romantique du XIXe siècle pour le lyrisme; le XVIIe siècle et l'art classique, soit pour l'ode solennelle, soit pour la poésie didactique, soit, en un mot, pour le raisonnement en vers.

Généralement, le sentiment l'emporte, et avec lui le mouvement lyrique; mais, souvent, l'idée prend le dessus sur le sentiment, le raisonnement sur l'effusion, et l'ode devient un discours, une œuvre oratoire.

Le vers de Malherbe est monotone. Celui de Ronsard, jamais.

Voilà donc pour la restauration de l'alexandrin.

***

Passons à l'invention des rythmes.

Sans doute, il n'a pas tout inventé : la strophe de six vers, *aab, ccd*, qui est de beaucoup la plus fréquente dans les *Odes* de Ronsard, est déjà très employée par Marot, qui sait la diversifier en variant la longueur du vers. Il connaissait notamment la forme gracieuse qui consiste à donner trois syllabes aux second et cinquième vers et sept aux autres.

C'est le rythme du *Bel Aubespin*.

1° *Rythmes impairs*

Ronsard a fourni des rythmes impairs, vers de trois syllabes, vers de sept, vers de neuf, vers de onze syllabes ou vers saphiques ou vers phalliques.

Toutes ces combinaisons, que Verlaine ressuscitera pour l'enchantement mélancolique de nos oreilles, Ronsard les a trouvées.

Les vers ennéasyllabiques sont aussi harmonieux que des rythmes pairs, si on sait couper le vers en fragments proportionnés, tels que 3-3-3, 3-4-2 ou 5-4 syllabes.

Il a donc aimé les rythmes impairs.

Vers de trois et sept syllabes

C'est, par exemple et tout d'abord, en vers de sept et trois syllabes, son célèbre *Bel Aubespin fleurissant...*

> Bel aubespin fleurissant,
> Verdissant
> Le long de ce beau rivage,
> Tu es vêtu, jusqu'au bas,
> Des longs bras
> D'une lambruche sauvage.

Deux camps de rouges fourmis
Se sont mis
En garnison sous ta souche ;
Dans les pertuis de ton tronc,
Tout du long,
Les avettes ont leur couche.

Le chantre rossignolet,
Nouvelet,
Courtisant sa bien-aimée,
Pour ses amours alléger
Vient loger
Tous les ans en ta ramée.

Dans ce sixain, le second et le cinquième vers sont plus courts, ils n'ont que trois syllabes; les autres ont sept syllabes.

Ennéasyllabes ou vers de neuf syllabes

Il a une chanson qui est une petite merveille, et cette chanson est en vers de *neuf syllabes :*

Chère Vesper, lumière dorée
De la belle Vénus Cythérée,
Vesper | dont la belle clarté luit
Autant sur les astres de la nuit
Que reluit | par-dessus toi la lune,
O claire ima | ge de la nuit brune,
Au lieu | du beau croissant, | tout ce soir
Donne lumière et te laisse choir
Bien tard | dedans la marine source.

Je ne veux, larron |, ôter la bourse
A quelque amant, | ou, comme un méchant
Voleur, | dévaliser un marchand.
Je veux aller | outre la rivière
Voir m'amie; | mais, sans ta lumière,
Je ne puis | mon voyage achever.
Sors donc | de l'ëau | pour te lever
Et de ta bel|le nuitale flamme
Eclaire | au feu d'amour qui m'enflamme.

Hendécasyllabes ou vers de onze syllabes

Mais le triomphe du rythme impair, pour Ronsard, apparaît dans ses hendécasyllabes, qu'il déroule dans une grâce un peu molle :

Dulces hendecasyllabos revolvens

En mon jeune avril, d'Amour je fus soudard
Et vaillant guerrier portait mon étendard ;
Ores à l'autel de Vénus, je l'appens,
Et forcé me rends.

Plus ne veux ouïr ces mots délicieux :
« Ma vie, mon sang, ma chère âme, mes yeux ».
C'est pour les amants à qui le sang plus chaud
Au cœur ne défaut.

Donc sonnets, adieu ; adieu, douces chansons ;
Adieu, danse ! adieu de la lyre les sons !
Adieu, traits d'amour ! Volez en autre part
Qu'au cœur de Ronsard.

Comme on le voit, ces vers sont coupés par cinq syllabes, puis par six, car, selon son admirable sens musical, il sait bien que la plus longue partie d'un vers doit être la dernière, dans l'hendécasyllabe tout comme dans le décasyllabe.

A ces trois vers de onze syllabes, le poète ajoute, comme phrase de clôture, un vers de cinq syllabes, de rythme également impair, et dont la période égale en longueur l'hémistiche de l'hendécasyllabe de base.

2° *Rythmes pairs*

Ronsard s'est exercé aux rythmes pairs.

Il prend pour base l'*alexandrin*, et le combine avec des vers de huit ou six syllabes, quelquefois avec un vers de sept syllabes, unissant ainsi l'impair et le rythme pair.

Il a eu le tort de ne pas élider toujours, dans l'intérieur du vers, l'*e* muet final précédé d'une voyelle, d'admettre des enjambements couvrant un hémistiche entier.

Avec lui, l'alexandrin, non seulement est épique, mais propre aussi à la poésie didactique, au discours politique; Ronsard prouve qu'il peut être aussi lyrique et élégiaque. C'est là encore une de ses conquêtes. Il a ressuscité l'alexandrin comme vers épique et il l'a appelé à être le vers de tous les grands genres.

« Dans les vers lyriques, quiconque entendra les mêmes strophes dans les *Psaumes* de Marot et dans les *Odes* de Ronsard, comprendra ce que celui-ci a apporté à l'alexandrin : rythme, sonorité, mouvement, harmonie, tous les éléments qui font la valeur esthétique de la strophe. Il est aisé de remarquer comment, chez Ronsard, abstraction faite de l'idée et du style, la simple pression du mètre, l'agencement tout mécanique du rythme enlèvent vigoureusement la strophe et lui communiquent une sorte de rapidité impétueuse (1). »

Il a su manier aussi admirablement les rythmes pairs, et tout particulièrement les vers de huit et de douze syllabes.

Insistons sur ce dernier genre de vers. L'alexandrin avait déjà été employé dans certaine poésie épique; puis il avait été abandonné, le *vers décasyllabique* lui étant préféré.

Ronsard introduisit à nouveau l'alexandrin dans la poésie française, ce qui est déjà une création. Mais il fit plus : de ce vers oratoire ou épique, au rythme solennel et un peu monotone, il fit un vers lyrique, souple et harmonieux. C'est Ronsard, en effet, qui, le premier, a compris que l'alexandrin est non seulement un vers épique, dramatique ou didactique, mais qu'il peut être encore un vers lyrique, soit seul, avec entre-croisements de rimes, soit mêlé à des vers plus courts; enfin, Ronsard a surtout compris que l'alexandrin en quatrain d'alexandrins à rimes croisées ou mélangés à des octosyllabes ou à des vers de six syllabes, est essentiellement le mètre de l'élégie.

3° *Strophes*

Ceci nous amène à parler des strophes dans Ronsard. Il en fit de deux sortes : des courtes et des très longues.

(1) Lanson, *Histoire de la Littérature française*, Paris, 1906, in-12, p. 289.

A) *Strophes courtes : le Quatrain*

Parlons des premières. Ce sont les strophes comptant moins de huit vers. Tantôt il compose des *quatrains* bâtis uniquement d'alexandrins.

Ses quatrains sont de diverses formes :

1° C'est d'abord la succession *aaab, bbbc,* qui nous ramène en arrière, au moyen âge et à Rutebeuf.

C'est ce que Ronsard appelle la *strophe saphique*. Elle existait déjà dans les *Psaumes* de Marot.

2° C'est ensuite le quatrain à rimes embrassées — *abba* — que nous trouvons dans la première partie des *Sonnets* ou dans des poèmes en quatrains uniformes.

3° Ce sont aussi les quatrains à rimes alternées : *ab, ab*.

4° Ce sont enfin les quatrains hétérométriques, composés de vers inégaux, où les vers impairs sont plus courts, ou bien où le quatrième vers seul est plus court après trois vers plus longs.

B) *Strophes courtes : le Sixain*

Il a des strophes un peu plus longues : la strophe de six vers ou sixain.

La strophe *aab, ccd,* qui est de beaucoup la plus fréquente dans les odes de Ronsard, était déjà employée par Marot.

Cette strophe peut se composer de rythmes impairs ou de rythmes pairs, de vers égaux ou de vers inégaux.

Le *Bel Aubespin* est un sixain à rythmes impairs et à vers hétérométriques.

Il est des sixains à rythmes pairs où les vers plus courts sont le troisième et le sixième.

Voici des exemples de quatrain et de sixain :

Quatrain à rimes alternées

a Quand je veux en amour prendre mon passe-temps
b M'amie en se moquant, « laid et vieillard » me nomme :
a « Quoi, dit-elle, rêveur, tu as plus de cent ans,
b Et tu veux contrefaire encore le jeune homme. »

Tantôt, ailleurs, il combine, en *sixain*, l'alexandrin avec l'octosyllabe :

Les douces fleurs d'Hymette aux abeilles agréent
Et les eaux de l'été les altérés récréent ;
Mais ma peine obstinée
Se soulage en chantant sur le bord faiblement
Les maux auxquels l'amour a misérablement
Soumis ma destinée.

c) *Strophes longues : le Huitain*

Pour les strophes longues, il y a d'abord la strophe de huit vers, qui est la plus fréquente chez Ronsard; elle se compose de rimes croisées : *ab, ab, cd, cd.*

Mais, alors que Marot n'admettait guère que les strophes de quatre, cinq, six et sept vers, Ronsard admet les strophes de quatre, six, sept, huit, dix, douze vers.

A la strophe de huit vers, pour éviter la monotonie, Ronsard donne six pieds au quatrième et au huitième vers, et douze pieds aux autres.

Il fait alterner la strophe de huit vers avec celle de douze, la strophe de six vers avec celle de quatre; parfois, il fait alterner quatre longs vers avec six vers courts.

Dans la strophe de dix vers, il use de rimes plates ou de rimes croisées terminées par un distique en rimes plates.

Voici d'abord un huitain :

1	Antres, et vous, fontaines,	*a*	6	syllabes.
2	De ces roches hautaines	*a*	6	—
3	Qui tombez contre-bas	*b*	6	—
4	D'un glissant pas ;	*b*	4	—
5	Et vous, forêts et ondes	*c*	6	—
6	Par ces prés vagabondes,	*c*	6	—
7	Et vous, rives et bois,	*d*	6	—
8	Oyez ma voix.	*d*	4	—

Admirez encore ce rythme sautillant de sa « chanson à Marie » :

1	Vénus avec son enfant	*a*	7	syllabes.
2	Triomphant,	*a*	3	—
3	Au haut de son coche assise,	*b*	7	—
4	Laisse ses cygnes voler	*c*	7	—
5	Parmi l'air	*c*	3	—
6	Pour aller voir son Anchise.	*b*	7	—

D) *Strophes longues : le Sonnet*

Parmi les strophes ou groupes de strophes longues, il faut citer le *sonnet*, qu'il a manié avec une maîtrise admirable.

Ses sonnets sont d'abord des sonnets composés de décasyllabes; plus tard, il les construisit sur des alexandrins :

Comme on voit sur la branche au mois de mai la rose
En sa belle jeunesse, en sa première fleur,
Rendre le ciel jaloux de sa belle couleur,
Quand l'aube de ses pleurs au point du jour l'arrose ;

La grâce dans sa feuille, et l'amour se repose,
Embaumant les jardins et les arbres d'odeur ;
Mais battue ou de pluie ou d'excessive ardeur,
Languissante, elle meurt, feuille à feuille déclose.

Ainsi en ta première et jeune nouveauté,
Quand la terre et le ciel honoraient ta beauté,
La Parque t'a tuée, et cendre tu reposes.

Pour obsèques reçois mes larmes et mes pleurs,
Ce vase plein de lait, ce panier plein de fleurs,
Afin que vif et mort ton corps ne soit que roses.

E) *Remarques sur la strophe longue* (1)

Il n'y a que deux moyens pour maintenir à une strophe longue le caractère de strophe unique :

Le moyen littéraire et grammatical consiste à faire de la phrase une seule période complète, fortement liée, et qu'on serait forcé de lire d'une seule haleine. Une pareille strophe ne peut guère dépasser douze ou quatorze vers octosyllabes.

L'autre moyen est d'ordre musical; il consiste à lier la pensée par des rimes peu nombreuses. Mais, si les rimes sont trop souvent répétées, ceci engendre la monotonie, ce qui entraîne forcément le poète à diminuer la longueur de sa strophe.

Le chant royal, avec ses douze ou quatorze vers sur deux rimes, est, pour ainsi dire, un maximum.

(1) FAGUET, *Le XVIe Siècle : Ronsard.*

Le sonnet se compose de quatorze vers sur quatre ou cinq rimes.

Le sonnet est, en somme, la plus longue strophe possible en français. D'où il faut conclure que Ronsard a échoué lorsqu'il a voulu, dans ses strophes, aller au delà de dix ou douze vers.

Une autre erreur rythmique de Ronsard, c'est d'avoir voulu terminer des strophes par des vers plus longs que ceux du commencement. Ceci n'a jamais réussi en français, mais cela a réussi en anglais. Il serait bon de voir pourquoi. Les Anglais se vantent, en effet, de leur stance spensérienne.

Marot, le premier en France, fit des sonnets.

Il les construisit d'une manière autre que celle adoptée par les Italiens.

Il assimilait les six derniers vers du sonnet à la strophe de six vers, qui se composait, chez lui, le plus souvent de deux vers à rimes plates suivis d'un quatrain à rimes embrassées : *cc, deed.*

Les sonnets de Marot sont constitués par des vers de six, huit et dix syllabes.

Chez les Italiens, on avait donc deux quatrains et deux tercets : deux strophes paires et deux strophes impaires.

Avec Marot, on n'avait plus qu'une suite de strophes paires : deux quatrains, un distique, un dernier quatrain — ou trois quatrains, dont les deux premiers étaient séparés du troisième par un distique.

Melin de Saint-Gelais, qui fit aussi des sonnets, adopta tantôt le système italien, où les tercets restent des tercets, tantôt le système marotique où les strophes impaires disparaissent pour faire place à un distique et à un quatrain.

Il trouva deux variantes pour les tercets, en mettant le distique en fin du poème et en le faisant précéder d'un quatrain soit à rimes embrassées, soit à rimes alternées : *cdde, ce* et *cdcd, ee.*

Peletier du Mans trouva une autre variante.

Pour le sonnet, Ronsard a voulu lui donner à la fois une forme originale et une forme musicale. Il voulait que le sonnet eût une forme originale afin de se distinguer très nettement du sonnet italien; il voulait que le sonnet fût un poème à forme fixe, pour être susceptible de s'adapter à la musique.

Il soumit donc le sonnet à deux lois :

1° Celle de faire alterner régulièrement les rimes masculines avec les rimes féminines. Cette loi, il la transporta, plus tard, dans tous les genres de poèmes. Pour le sonnet, le dispositif des quatrains est donc : *abba, abba* ou *abab, abab;*

2° Pour les tercets, il n'accepta pas le système, adopté par les Anglais, de terminer par un distique ou deux rimes plates.

Le distique, il le met plutôt en tête des tercets.

Et alors, il a le système marotique : *ccd, eed,* ou la variante : *ccd, ede.*

Le plus souvent, les tercets sont sur trois rimes : *c, d, e.*

Quelquefois, ils ne roulent que sur deux rimes : *c, d.*

Dans ce dernier cas, Ronsard les construit d'abord en deux rimes alternées, qui sont embrassées ensuite : *cdcd, dc.*

Pendant longtemps, les sonnets de Ronsard étaient composés de décasyllabes. Plus tard, ils furent construits sur des alexandrins (1).

Le parnassien Banville a rendu hommage à la fécondité prodigieuse de ce grand musicien :

« On n'ose y songer; depuis Ronsard, nous n'avons réellement rien imaginé en fait de rythmes d'*ode;* à peine avons-nous retourné, défiguré, inutilement modifié ses créations savantes.

« Bien plus, nous n'avons même pas su nous approprier toutes les coupes de ce grand métricien; beaucoup de ses strophes — et des plus belles, et des plus riches en effets harmoniques — ont été abandonnées à tort ou par impuissance, car il est plus difficile qu'on ne pense de toucher adroitement à ces armes si légères! »

F) *Les Odes Pindariques*

Il faudrait parler enfin de ses *Odes pindariques.*

Dans la strophe pindarique, Ronsard emploie le vers de six syllabes et celui de huit (quatre fois dans les strophes et

(1) Voir VIANEY, *Le Pétrarquisme en France,* 1909, in-8.

les antistrophes seulement); mais, en somme, ces vers pairs n'apparaissent que quatre ou cinq fois. Partout ailleurs, c'est le vers de sept syllabes qui triomphe.

Quant aux strophes et aux antistrophes, elles ont de dix à vingt vers, et les épodes de huit à dix-neuf vers; les strophes de douze vers et les épodes de dix vers sont les plus nombreuses.

Marot ne dépassait guère la strophe de sept vers; Ronsard est autrement hardi — puisque sa strophe peut aller jusqu'à vingt vers. — En plus, le déploiement de la pensée peut s'étendre sur cinq strophes, sur dix, et même, une fois, sur vingt-quatre.

Jamais on n'avait vu et jamais, de longtemps, on ne reverra *pareille ampleur* de période lyrique.

« Ce n'est pas une des moindres étrangetés de sa fortune que le fondateur du classicisme ait été méprisé par les Classiques, et que les Romantiques l'aient célébré comme un des leurs (1). » A ces derniers, il faudrait encore ajouter les Parnassiens tels que Théodore de Banville et José-Maria de Heredia, et les Décadents tels que Verlaine.

Voilà les titres de Ronsard à la gloire. Voilà ses mérites aux yeux des Français d'hier comme de ceux d'aujourd'hui.

Il a créé une langue nouvelle, noble ou caressante, grave ou spirituelle, inventé des rythmes de toute variété, toujours harmonieux, et, dans ses vers lyriques, imprégnés d'une tendresse véritablement pénétrante.

Il a chanté bien des choses : de tous ses poèmes, ce sont ses *Sonnets* ou ses *Amours*, ses *Élégies* que les modernes reliront avec délices.

Sa Mythologie n'a rien de pédantesque, si nous voulons bien nous rappeler les différentes peintures de la salle Henri II ou de la galerie de François Ier, à Fontainebleau.

Mais, en tous les cas, ses vers admirables, d'une fraîcheur éternelle, doivent être lus à haute voix, pour que le rythme en soit plus sensible (2).

Alors, Ronsard apparaîtra bien comme le Harpeur véritablement maître de la Lyre aux sept cordes.

(1) Petit de Julleville, *Histoire de la Littérature française*, t. III, p. 191 (art. de G Pellissier).

(2) « Son vers a déjà toutes nos musiques, et c'est lui qui a orchestré nos rythmes pour un oncert qui n'est pas près de finir », selon la belle phrase de M. de Nolhac.

En effet, il a introduit en France :

1° La grande Ode pindarique;

2° L'Odelette aimable, à la façon d'Horace et d'Anacréon;

3° L'Eglogue, à l'imitation de Virgile et de Théocrite;

4° L'Elégie, à la façon de Tibulle;

5° La Satire politique, plus large et moins fardée de rhétorique que celle de Juvénal;

6° La poésie philosophique;

7° Le Sonnet amoureux de Pétrarque.

Mais, qu'est-il besoin de compter les cordes de sa lyre?

Ne vaut-il pas mieux nous ressouvenir des chants dont il a bercé nos âmes?

Qu'y célébrait-il, dans ces chants?

Il y célébrait :

La Nature, la Rose, la Femme et la France.

Cela suffit à sa gloire et à notre ivresse reconnaissante.

Vᵉ PARTIE

RONSARD DANS LA BRIE ET LE GATINAIS

A tous ces titres généraux, Ronsard, pour nous, joint d'autres titres plus spécialement rattachés à notre histoire locale.

Que de souvenirs unissent, pour nous, le nom de Ronsard aux personnes et aux choses de la Brie et du Gâtinais!

I. — Souvenirs de Ronsard dans la Brie

1° Melun

A Melun, le meilleur souvenir de Ronsard est l'édition de ses œuvres, revues, corrigées et augmentées par l'auteur en 1584.

C'est un livre in-folio (de 370 × 240 mm.), de 919 pages numérotées, à deux colonnes, auxquelles s'ajoutent 11 pages de tables.

Nous ignorons comment il est venu à l'abbaye de Saint-Père de Melun. A la Révolution, il passa dans le domaine public et fut attribué à la Ville de Melun.

Outre les signatures de plusieurs Pères de la congrégation de Saint-Maur, ce livre porte plusieurs signatures du XVIᵉ siècle.

Une signature de Ronsard à la préface, en regard du feuillet 1 du Premier Livre des *Amours*. En dessous de la signature :

Vitam impendere vero

mais le mot *vero* est barré et remplacé par *falso*.

On retrouve une autre signature de Ronsard à l'avant-dernière page de la table.

2° Dammarie

Parmi les abbesses qui, au XVIᵉ siècle, entre 1515 et 1588, ont présidé aux destinées de l'abbaye du Lys, près Dammarie, il faut citer Louise de Mailly, abbesse du Lys de 1539 à 1556, et, avant, abbesse de Caen (1).

Ronsard consacre à cette haute et princière moniale une « Epitaphe », où la fierté du vers sied merveilleusement à la fierté de race de la défunte. Inutile d'ajouter, pour qui connaît Ronsard, qu'il n'a pas oublié à quelle poussière de néant aboutit tout ce qui constitua cette grandeur sur terre : mais, par sa généalogie, Louise de Mailly laisse entendre, du fond de la tombe, qu'elle n'a pas démérité de sa race; les sonorités du vers martèlent, pour ainsi dire, les noms illustres auxquels elle fut apparentée :

La richesse à bon droit me devait secourir,
Qui fus en mon vivant *du Lis* et Caen *abbesse*,
Et si, contre la mort, profitait la Noblesse
Encore moins son dard eût mon corps assailly,
Car j'étais de la race et du sang de Mailly ;

Ferry (2), jadis Baron de Conty, fut mon père,
Et de Montmorency, Louise fut ma mère ;
J'eus pour oncle et seigneur Anne Montmorency,
Connétable de France, et pour frères, aussy,
Messieurs de Coligny, de qui la renommée
Vivante ne sera des âges consommée...

II. — **Allusions à des personnages appartenant à notre région, mais cités en dehors d'elle**

La scène peut n'être pas placée dans nos régions de Brie et Gâtinais, mais les principaux personnages qui y prennent part sont des illustrations ayant vécu dans la Brie ou le Gâ-

(1) Abbesses du Lys, depuis Marie de Menou (1505-1515) jusqu'à Charlotte de Cluys, nommée en 1588 : 1515-1520, Isabelle de Gretz ; 1520-1539, Jeanne d'Auquoy ; 1539-1556, Louise de Mailly ; 1556-1560, Jacqueline Coiffard, originaire de Troyes ; 1560-1586, Barbe de Salin, d'une famille noble de Lorraine.

(2) Ferry de Mailly, deuxième du nom, baron de Conty, chambellan et échanson du roi, sénéchal d'Anjou, décédé en Italie de la suite des blessures reçues au siège de Milan (1513).
Femme : Louise de Montmorency, dame d'honneur des reines Anne de Bretagne et Eléonore d'Autriche, fille de Guillaume de Montmorency et d'Anne Pot, mariée avant l'an 1491.
De leur mariage sont issus trois enfants : Jean de Mailly, décédé en 1528 ; Madeleine de Mailly, mariée à Charles, sire de Roye, comte de Roney ; Louise de Mailly, abbesse de la Trinité de Caen, puis du Lys, près Melun, où elle mourut le 9 août 1556.
Ronsard rend un témoignage également avantageux de sa noblesse et de sa vertu dans l'épitaphe qu'il a dressée en son honneur.

(ANSELME, *op. cit.*, t. VIII, p. 655 et 656.)

tinais et ayant signalé leur existence par des faits que notre histoire locale a enregistrés.

Par exemple, il y aura un grand tournoi à Paris :

« Le pas était ouvert, au quinzième jour, par Sa Majesté très chrétienne et par les princes *Alphonse d'Est, duc de Ferrare* (petit-fils de Louis XII, par sa mère Renée de France), *François de Lorraine, duc de Guise* et *Jacques de Savoie, duc de Nemours,* pour être tenu contre tous venans : à commencer le premier combat à cheval en lice, en double pièce, quatre coups de lance et un pour les dames (1). »

III. — **Souvenirs de Ronsard dans le Gâtinais**

1° *Ronsard et les architectes du château de Fontainebleau*

D'après M. Dimier (2), nous savons qu'à la mort de Henri II, à la suite du coup de lance de Montgomery, le Primatice fut nommé surintendant des bâtiments, en remplacement de Philibert Delorme. Non que ceci implique une disgrâce, car Philibert Delorme est d'autant plus en faveur. Il est tellement en vogue que Palissy le raille de se faire appeler « dieu des maçons et des architectes », que Ronsard l'affuble du nom de « Truelle encrossée », voulant dire par là que, grâce à Catherine de Médicis, Philibert Delorme est le plus riche des architectes, car sa charge vaut un excellent évêché.

Il y avait déjà eu, à Fontainebleau, en 1540, des fêtes magnifiques données pour la réception de Charles-Quint.

Sans doute, Ronsard avait-il été tympanisé par les récits que les spectateurs lui en faisaient vingt ou vingt-cinq ans plus tard.

(1) Alphonse d'Este, deuxième du nom, fils d'Hercule II, né en 1533, régna comme duc de Ferrare, de 1553 à 1597. Elevé en France, à la cour du roi Henri II, il en rapporta un goût immodéré pour le luxe ; de même, l'ambition le poussa à de ruineuses tentatives pour obtenir la couronne de Pologne. Une de ses sœurs, Eléonore, se fit connaître par sa liaison avec le Tasse ; une autre, Anne d'Este, épousa François de Guise.

Sa mère était Renée de France, duchesse de Chartres, fille de Louis XII, née en 1510, mariée en 1527.

François de Lorraine, duc de Guise, fils de Claude de Guise et d'Antoinette de Bourbon, né en 1519, mort en 1563, fut le héros du siège de Metz (1552-1553) et de la reprise de Calais en 1558. En 1560, il déjoua la conjuration d'Amboise. Malheureusement, ses troupes ayant massacré les protestants à Vassy (1562), ce fut le signal des Guerres de Religion. Il fut tué au siège d'Orléans, d'un coup de pistolet, par un gentilhomme protestant, Poltrot de Méré.

(2) Dimier, *Le Primatice,* p. 178, 223, 323,

Parlons-en un peu, simplement pour montrer quelles traditions étaient depuis longtemps acceptées au sujet des fêtes publiques : Ronsard, le moment venu, s'en souviendra et en fera son profit.

2° *Les souvenirs des fêtes données au Château, en 1540, ont hanté la pensée de Ronsard*

Quand l'empereur approcha du château, une troupe de personnes déguisées en dieux et déesses bocagères sortirent du bois et dansèrent un ballet rustique en sa présence.

Il y eut là des sylvains et des hamadryades dont nous avons licence d'imaginer les bizarres et galants costumes.

Toute l'érudition de l'époque tenait dans de pareilles *mascarades*.

Toute cette mythologie se dispersa ensuite et parut se retirer dans le bois.

A l'entrée de la chaussée, se dressait un arc de triomphe tout orné de trophées. Le roi et l'empereur y étaient peints, accompagnés de la Paix et de la Concorde.

Il y eut aussi, dans la place vers l'étang, au lieu même où devait s'élever la fontaine, une grande colonne ornée et dorée, qui jetait des flammes à son sommet, et, par différents orifices ménagés dans la hauteur, des ruisseaux de vin et d'eau pure (1).

Les Français voyaient, en cette occasion, un nouveau style d'entrées solennelles. Sans doute, le Primatice se souvint-il de ce qu'il avait vu faire à Jules Romain, lors de l'entrée du même Charles-Quint à Mantoue.

Il y eut, de même, des fêtes mythologiques à Fontainebleau, en 1550, à l'occasion du traité de paix avec l'Angleterre.

Les plus belles, et desquelles Ronsard fut un des grands organisateurs, sont celles de 1564. Nous allons en parler plus longuement.

(1) Dimier, *Le Primatice*, p. 53.

3° *Un Carnaval à Fontainebleau au temps de Charles IX*

(organisé en partie par Ronsard)

Dès janvier 1564, Catherine de Médicis était partie, avec une nombreuse suite, pour Fontainebleau. Il y avait là les familles de Bourbon, de Guise et Lorraine, les Châtillon, le connétable de Montmorency.

***

Le *Connétable*, dès le dimanche 6 février 1564, avait offert un souper au Roi et à sa Cour. La somptuosité de Chantilly et d'Ecouen se retrouva, pour cette occasion, à Fontainebleau.

A son tour, le *Cardinal de Bourbon* offrait, le jeudi gras (10 février), un non moins beau festin. Il y eut, en outre, un combat équestre.

***

Mais le dimanche gras fut témoin de fêtes inouïes. Il y eut un repas champêtre, donné dans une maison des champs dressée, sous la direction du Primatice, au milieu du parc, sur le chemin d'Avon.

A l'issue du dîner, les convives retournèrent au château, où un théâtre avait été dressé dans la salle de bal : on y représentait une tragi-comédie inspirée de l'Arioste : *Les Amours de Genièvre et d'Ariodant.*

Le décor italien de la salle, ornée par le Primatice, convenait admirablement à ce sujet italien. Mais l'Italie n'avait fourni que le cadre et le thème du spectacle, le dialogue, par contre, était français.

Le rôle de Genièvre était tenu par Diane d'Angoulême, fille légitimée de Henri II et mariée au maréchal de Montmorency, fils du connétable. Parmi les autres personnages, citons : le prince de Condé; le jeune Henri de Guise; le duc d'Orléans, frère du Roi; sa sœur, Marguerite de Valois, la future femme de Henri de Navarre, mais alors à peine adolescente.

Ronsard y fit entendre de hautes considérations philosophiques.

⁂

Le lendemain, le jeune duc d'Orléans eut son tour.

La fête eut lieu en son hôtel, disparu depuis.

Ronsard composa alors plusieurs discours en vers pour ces mythologies animées, si chères au XVIe siècle, tant en France qu'en Italie et qu'en Angleterre.

Comme le roi Charles IX se rendait au festin préparé chez son frère, il vit surgir, des canaux du jardin, deux jolies sirènes au doux visage, à la blonde chevelure. Elles lui souhaitèrent la bienvenue et célébrèrent les bienfaits de la paix et de la concorde, que ces fêtes avaient pour but de consolider.

Après avoir rappelé les vertus magnanimes de Henri II et la gloire de son règne, sitôt anéantie; après avoir déploré les tristes guerres civiles qui s'ensuivirent, elles prophétisaient au jeune souverain un magnifique avenir.

Elles unissaient dans une même louange la mère et ses deux fils, le roi Charles et le prince Alexandre (celui qui sera Henri III) :

Vivez donc amiablement
Faisant vos noms partout épandre,
Vivez tous trois heureusement :
Charles, Catherine, Alexandre.

Sur cet aimable accueil, les convives passèrent dans la salle du banquet.

Après le festin, un tournoi en champ clos avait lieu dans la cour de l'hôtel. Il y avait là un étrange mélange de l'antiquité et du moyen âge. Douze chevaliers grecs combattirent contre douze Troyens. Les combats n'eurent lieu qu'aux flèches et aux piques; les lances restaient proscrites.

⁂

Le lendemain, il y eut un vrai tournoi, offert par le roi Charles IX.

C'était la première fois depuis la mort du roi Henri II, si malheureusement frappé dans un tournoi, que ce genre de divertissement était autorisé par Catherine de Médicis.

Le combat avait lieu sur la chaussée qui sépare l'étang du grand jardin, chaussée nommée aujourd'hui chaussée de Maintenon.

Un beau camp était adossé au chenil. Au centre se trouvait le château enchanté, gardé par des diables, un géant et un nain.

Avant le combat, il y eut défilé des chevaliers : François de Montmorency, Vieilleville, Brissac, le dauphin d'Auvergne, le jeune duc de Guise, âgé de quinze ans; le duc de Nevers; son beau-frère, le prince de Mantoue.

⁂

A la suite de ces fêtes données par Catherine, pour rétablir, croyait-elle, la concorde entre les princes français, il y en eut d'autres, offertes jusqu'en avril; cette fois-ci, pour éblouir les ambassadeurs étrangers, et surtout ceux d'Espagne et d'Angleterre.

Au premier dimanche de Carême, un *tournoi* en miniature fut encore donné. Une princesse, tout éplorée, suppliait le Roi de les délivrer, elle et sa sœur, de deux géants qui les maintenaient de force dans une tour. Aussitôt, le roi Charles et son frère s'élançaient contre les Ogres et les vainquaient fort habilement. Le tout accompagné de vers composés par Ronsard.

Tel est l'aperçu très succinct des fêtes de Carnaval et de Carême données à Fontainebleau, aux premiers mois de l'année 1564 (1).

Cela fait, au minimum, cinq fêtes remarquables.

Si nous prenons l'édition in-folio de 1584, nous lisons, à ce sujet, quatre indications intéressantes :

Les Sereines (Sirènes) sont représentées au canal de Fontainebleau (p. 580);

Les Mascarades, combats et cartels faits à Paris et au Carnaval de Fontainebleau (p. 574);

(1) Voir Deroy, *Les Chroniques du château de Fontainebleau*, Paris, 1911, in-4°.

Le Trophée d'Amour, à la comédie de Fontainebleau (p. 577);
Le Trophée de la Chasteté, à la même comédie (p. 577).

4° *Les Mascarades, Combats et Cartels à Fontainebleau*

A Fontainebleau, plus encore peut-être qu'à Paris, furent composées, par Ronsard, quelques-unes de ses plus savoureuses *Mascarades,* qui disparurent sous le triomphe du puritanisme calviniste :

> Quand verrons-nous par tout Fontainebleau,
> De chambre en chambre aller les Mascarades?
> Quand ouïrons-nous au matin les aubades,
> De divers luths mariés à la voix ?

Ces vers, qu'il écrit au lendemain de la guerre civile, en 1564, expriment très sincèrement la manière de penser de Ronsard à l'égard de l'Art, de la Vie et des doctrines de la Réforme.

Il avait en haine ces iconoclastes qui, en quelques heures, détruisaient les chefs-d'œuvre de l'Art accumulés par des siècles d'efforts humains.

La Réforme s'était signalée, dès 1562, par ses destructions d'églises et d'œuvres d'art. Ses premiers apôtres ont été des iconoclastes. Ronsard sent bien quelles sont les intentions des sectateurs de Théodore de Bèze.

En artiste, il proteste; il déteste le pharisaïsme; il soupire après cette vie fastueuse et voluptueuse de France et d'Italie.

Pour lui, ces *Mascarades,* ces divertissements païens à la Botticelli, sont une exaltation quotidienne à réaliser ses mythologies dans sa vie, ou sa vie dans ses mythologies.

Or, les partisans de Calvin, de Théodore de Bèze, à Genève et en France, et de John Knox, en Ecosse, ont tout ce paganisme charmant en horreur et en mépris (1).

Mais, à côté des fêtes somptueuses ou étourdissantes, il y a, datés de Fontainebleau, des vers de Ronsard autrement émouvants, qu'il consacre à Marie Stuart, l'infortunée reine d'Ecosse.

(1) Voir Brunetière, *Histoire de la Littérature francaise,* t. I, p. 354.

5° *Le Parc de Fontainebleau et Marie Stuart*

C'est là que nous allons retrouver son grand cœur et sa pitié pour l'Infortune.

Il peint rarement les sites, il les évoque plutôt. Mais, avec cette simplification qui tient de la seule et vraie maîtrise, il sait à la fois nous suggérer l'essentiel de la réalité d'autrefois et nous prolonger, en de lointaines perspectives, baignées d'une brume légère et mélancolique, toutes les scènes dont le décor merveilleux n'est cependant que le cadre convenable aux personnages humains qui s'y déploient.

Par exemple, c'est à Fontainebleau, dans son parc qui, alors, n'avait pas encore son grand canal ni son parterre, mais était composé de façon moins architecturale, c'est à Fontainebleau qu'il nous a montré la belle et touchante figure de l'adorable Marie Stuart, si peu de temps reine et veuve si prématurément.

Il a vu passer la pauvre Reine douloureuse dans les jardins de Fontainebleau :

> Un crêpe long, subtil et délié,
> Pli contre pli retors et replié...
>
> Triste, passiez par les longues allées
> Du grand jardin de ce royal château,
> Qui prend son nom de la beauté d'une eau.

Il nous la dépeint sans diadème au front, sans joyaux au cou, sans bagues aux doigts, sans robe de drap d'or, mais simplement parée d'un voile blanc de crêpe, car c'est en blanc que les Reines de France portent le deuil de leur époux.

Mais pourquoi citer tel ou tel vers et les entrecouper d'observations? Lisons-les tout d'un bloc, pour n'en troubler aucunement l'harmonie :

> Un crêpe long, subtil et délié,
> Pli contre pli retors et replié,
> Habit de deuil, vous sert de couverture
> Depuis le chef jusques à la ceinture,
> Qui s'enfle ainsi qu'un voile, quand le vent
> Souffle la barque et la cingle en avant.

De tel habit, vous étiez accoutrée,
Partant, hélas ! de la belle contrée
Dont aviez eu le sceptre dans la main,
Lorsque, pensive, et baignant votre sein
Du beau cristal de vos larmes roulées,
Triste, passiez par les longues allées
Du grand jardin de ce royal château,
Qui prend son nom de la *beauté d'une eau.*

Lors, les *rochers*, bien qu'ils n'eussent point d'âme,
Voyant marcher une si belle dame,
Et les *déserts*, les *sablons* et l'*étang*
Où vit maint cygne habillé tout de blanc,
Et des hauts pins la cime de vert peinte,
Vous contemplaient comme une chose sainte,
Et pensaient voir (pour ne voir rien de tel)
Une Déesse en habit d'un mortel
Se promener, quand l'aube retournée
Par les jardins poussait la matinée,
Et vers le soir, quand déjà le soleil
A chef baissé s'en allait au sommeil (1).

Ah! les beaux vers inoubliables!

Ils nous donnent la sensation d'un décor funèbre apparié au deuil de cette pauvre jeune femme si vite déçue et pour qui, bientôt, vont commencer de si terribles épreuves, suivies par un martyre qui n'a d'égal que celui de Marie-Antoinette, en France.

Le ciel est mélancolique, les longues allées sont solitaires, le grand jardin est vide, l'eau limpide semble couler silencieuse comme une belle larme.

⁂

Après cette grisaille douloureuse, citons un autre passage.

Parmi ses plus beaux vers élégiaques, il faut citer ceux que Ronsard a consacrés à la Reine d'Ecosse.

Dans son *Sonnet à Marie Stuart*, le poète assure à la Reine qu'il garde au cœur son éternel souvenir :

(1) Ed. Larousse, p. 201. *Les Poèmes, Fantaisie : A elle-même.*

Encores que la Mer de bien loin nous sépare,
Si est-ce que l'éclair de votre beau soleil,
De votre œil, qui n'a point au monde de pareil,
Jamais loin de mon cœur par le temps ne s'égare.

Et, ce sonnet, il le termine par un sanglant reproche aux Français, qui n'ont

Encore osé toucher ni vêtir le harnais,
Pour ôter de servage une reine si belle (1).

***

Dans un autre poème, intitulé *Regret pour elle-même,* le poète ne trouve pas d'hyperboles assez fortes pour peindre le vide immense que va ressentir la France au départ de Marie Stuart :

Comme un beau pré dépouillé de ses fleurs,
Comme un tableau privé de ses couleurs,
Comme le ciel, s'il perdait ses étoiles,
La mer ses eaux, le navire ses voiles,
Un bois sa feuille, un antre son effroi,
Un grand palais la pompe de son roi,
Et un anneau sa perle précieuse :
Ainsi perdra la France soucieuse
Ses ornements, en perdant la beauté,
Qui fut sa fleur, sa couleur, sa clarté...

Dans sa douleur, Ronsard en vient à faire un souhait impossible : l'Ecosse devrait devenir une île vagabonde, comme cette île de Délos chantée par la Fable. Le vaisseau, portant la Reine, irait, poursuivant sa route, sans atteindre de rivage :

Puis elle, adonc, qui te suivrait en vain,
Retournerait en France tout soudain
Pour habiter son duché de Touraine.
Lors, de chansons j'aurais la bouche pleine,

(1) Ed. Larousse, p. 200.

En mes vers si fort je la louerais,
Que, comme un cygne, en chantant je mourrais.

Hélas! ce beau rêve ne peut se réaliser, avoue le poète;

Et, maintenant, une reine je perds,
Qui fut l'honneur de France et de mes vers (1).

Tous n'ont peut-être pas été composés à Fontainebleau, mais ils ont tous pour origine la scène du parc, la promenade endeuillée de Marie Stuart. C'est de Fontainebleau que s'est élevée la note élégiaque la plus pure de Ronsard, tout comme le Vendômois lui a inspiré ses accents les plus tendres. Mais le Ronsard douloureux et généreux est tout autant Ronsard que le Ronsard plus ou moins gai des *Amours* et des *Sonnets*.

***

J'ai, le plus souvent, laissé parler Ronsard, afin de bercer vos esprits de la musique de son vers, et les remplir de ces nobles ou tendres rêveries.

Je me suis donc effacé devant le Poète, et, par là, Mesdames et Messieurs, j'ose espérer que l'humble interprète du harpeur divin de l'Amour et de la Mélancolie n'a pas trop desservi son Idole.

Au surplus, cette conférence n'a eu qu'un but : celui de vous amener à relire Ronsard. C'est en chantant ses vers dans nos souvenirs que nous assurerons le mieux sa gloire, immortelle, si tous les Français veulent lui payer l'hommage qu'il a tant mérité.

(1) Ed. Larousse, p. 202 et 203.

VERSIFICATION DE RONSARD

SES ORIGINES LATINES
MÉTRIQUES ET SYNTONIQUES

Quand on veut apprécier la Métrique de Ronsard, il ne faut pas oublier ceci : de même que, dans la poésie il a introduit le classicisme et la mythologie gréco-latine, ainsi dans la versification il a su renforcer le vers tonique, d'harmonie incertaine de ses prédécesseurs, par les ressources de la métrique des Anciens

En réalité, il n'y a pas eu rupture entre la versification savante des anciens et la versification française.

Si la versification latine est surtout *métrique* et, comme telle, repose sur la *quantité*, il n'en est pas moins vrai que, chez les poètes classiques, l'*accent* vient aussi jouer son rôle.

Lorsqu'il fallut dans l'Église chrétienne mettre résolument en musique les Hymnes et Proses, la versification latine prit un double aspect : de même qu'il y avait deux langues, le *sermo nobilior* et le *sermo plebeius*, de même il y eut une poésie *métrique* reposant sur la quantité et une poésie *syntonique* reposant sur l'accent. L'une mesurait les syllabes, l'autre les comptait. Parfois, une même poésie peut être à la fois métrique et syntonique. En effet, les strophes latines : saphique, alcaïque et asclépiade, étant destinées à être accompagnées de musique, présentaient un nombre fixe de syllabes, avec un certain nombre d'accents à retour périodique déterminé.

Qu'a donc fait Ronsard ? Il a pris pour *cadre* les vers de la poésie métrique. Sur ce cadre, il a tissé la trame de sa phrase mélodique, faisant coïncider à certains endroits les accents oratoires de sa phrase avec les syllabes fortes des mètres. Sur un cadre en canevas *métrique*, il a construit sa phrase *syntonique*. Il ne s'est jamais contenté de compter les syllabes. Il compose par périodes mélodiques, en grand musicien qu'il est.

***

Il a nettement posé pour principe que le rythme est l'essence de tout vers, ce rythme étant formé par la succession de syllabes longues ou brèves, toniques ou atones, ou placées dans l'ordre inverse. Que le vers soit métrique ou syntonique, le rythme résulte d'une alternance de temps forts et de temps faibles, par retour périodique de certains éléments. La syllabe forte vient redonner une nouvelle force au rythme.

La base du vers est, non pas la syllabe, mais un groupe de syllabes appelé *pied.*

⁂

Pour les Anciens ou pour la poésie métrique, les pieds sont comptés selon la *quantité.*

Pour Ronsard, comme pour les Anglais modernes, le pied est compté selon l'*accent.*

Etant données la renommée de Ronsard et son influence sur la pensée anglaise, il y a lieu de se demander si Shakespeare et ses contemporains n'ont pas été définitivement lancés dans la voie qu'ils ont suivie en versification par l'exemple même que leur donnait Ronsard, car, eux aussi, ont eu des théoriciens voulant baser le vers sur la quantité, comme le rêvait Baïf.

⁂

Pour les Anciens, les principaux pieds, gardés par Ronsard, sont l'*ïambe*, ◡ –, pied de deux syllabes, formé d'une brève et d'une longue : *rogans, hiems*; l'*anapeste*, ◡ ◡ –, pied de trois syllabes, formé de deux brèves et d'une longue: *generant*; le *péon quatrième*, formé de quatre syllabes : brèves pour les trois premières, longue pour la quatrième et dernière: *misero aman (ti)*.

De temps à autre, l'ïambe est remplacé par son contraire, le *trochée* ou *chorée*, – ◡, formé d'une longue et d'une brève.

Ailleurs, l'ïambe peut encore avoir pour substitution le *spondée*, formé de deux syllabes longues, – –.

Il est fréquent d'unir le *trochée* ou *chorée* à l'*ïambe* : ce groupe s'appelle un *choriambe*; il a évidemment pour forme : – ◡ ◡ –.

⁂

Enfin les Anciens, depuis Pindare et les lyriques grecs, avaient remarqué que certains pieds se groupaient volontiers par groupes de deux éléments ou de deux pieds pour former une *dipodie.* C'est ainsi que les pieds ïambiques vont, volontiers, deux par deux ou par *dipodies;* que les chorées et les ïambes s'unissent pour former des *chorïambes,* etc.

De même, il y a des groupes rythmiques, des phrases mélodiques appelées *côla.*

⁂

Les Anciens avaient des pieds à *rythme ascendant :* ïambe, ⏑ –, anapeste, ⏑ ⏑ –, péon quatrième, ⏑ ⏑ ⏑ – (1).

Ils avaient aussi des pieds à rythme descendant : trochée, – ⏑, dactyle, – ⏑ ⏑.

Mais, de même que la langue anglaise court en ïambes, de même la versification française, ayant l'accent de ses mots sur la dernière syllabe prononcée, possède également la tendance au rythme ascendant, ïambique, ou anapestique, ou péonique.

⁂

Pour Ronsard et l'anglais moderne, les noms anciens des pieds, des membres rythmiques, des strophes peuvent être conservés; ils expriment non plus la *quantité* brève ou longue, mais la voyelle atone ou tonique, sa qualité d'*accent.*

Pour Ronsard, un ïambe ⏑ – est un pied formé d'une atone et d'une tonique:
F.: *au soir.*
A.: *at night.*

un anapeste ⏑ ⏑ – est un pied formé de deux atones et d'une tonique:
F. : *mon repos.*
A. : *of my rest.*

un épitrite quatrième ⏑ ⏑ ⏑ – est un pied formé de trois atones et d'une tonique:
F. : *à la chandelle.*
A. : *of your return.*

un chorïambe – ⏑ ⏑ – se compose donc de deux voyelles atones encadrées de deux voyelles toniques :
F. : *quand vous serez.*
A. : *see you return.*

(1) On appelle *péon* un pied de quatre syllabes dont trois sont brèves et dont une seule est longue. Le péon est dit premier, deuxième, troisième, quatrième, selon que cette longue est en première, deuxième, troisième, quatrième place.

Sans doute, les métriciens français modernes, ne se souvenant pas de l'origine latine du vers français, se contentent d'une notation chiffrée très claire, mais moins complète que la notation métrique.

Cette notation nous dit simplement le nombre de syllabes contenues dans le pied depuis l'origine jusqu'au premier accent inclus ; elle ne nous dit rien de la nature des syllabes constituantes, atones ou légèrement accentuées. Elle est moins claire pour indiquer le retour périodique des mêmes membres mélodiques ou *côla:*

			Métriquement	En chiffres
Un ïambe	est	marqué	⏑ –	2
Un spondée	—	—	– –	2
Un anapeste	—	—	⏑ ⏑ –	3
Un épitrite	—	—	⏑ ⏑ ⏑ –	4
Un choriambe	—	—	– ⏑ ⏑ –	4

La notation par quantité permet mieux d'analyser les vers isolément ; la notation chiffrée rend plus rapide et plus clair l'examen de la structure de la strophe.

La première notation a été adoptée par M. de Souza dans un article sur *La Rythmique de Ronsard ;* ailleurs, il se contentait de la notation chiffrée.

Il ne faut pas confondre l'accent tonique du mot et l'accent oratoire de la phrase.

Dans un mot français, l'accent tonique tombe sur la dernière syllabe prononcée : émervei*llant*, fan*tóme* ;

Dans une phrase, les mots n'ont pas la même valeur : ce sont les mots essentiels qui, seuls, doivent être accentués fortement, à savoir le *nom* et l'*adjectif*, le *verbe* et l'*adverbe*, ou plutôt leur dernière syllabe sonore.

Les particules, telles que les articles, les démonstratifs, les possessifs, les relatifs, les prépositions, les conjonctions, les pronoms (ailleurs qu'en phrase interrogative), seront sans accent.

Quand vous se*rez* bien *vieille*, au *soir*, à la chan*delle.*

Les noms la chan*delle*, le *soir* sont accentués, l'adjectif *vieille*, le verbe se*rez*, sur la dernière syllabe.

Il vient est un ïambe, ⏑ ⏑́ , dans lequel le pronom *il* n'a pas d'accent.

Vient-il? est un ïambe ou un spondée, ⏑ –́ ou – –́ , mais certainement l'accent oratoire porte plus sur *il* que sur *vient*.

Dans *vient-il?* on voit donc que la notation *métrique* et la notation *syntonique* sont légèrement différentes.

Quant aux verbes auxiliaires, ils seront atones ou toniques selon leur place dans la phrase rythmique.

Vous serez vieille ⏑ ⏑ ⏑ ⏑́ 4
Vous serez bien vieille ⏑ ⏑ ⏑́ ⏑ ⏑́ 3.2

A savoir, *atones* s'ils sont immédiatement devant une tonique ; *toniques* s'ils sont séparés d'une tonique par, au moins, une syllabe.

***

Pour assurer à son vers syntonique, solidité et rythme, Ronsard trace, par avance, le *cadre métrique* ancien.

Par exemple, le vers alexandrin de douze syllabes correspond admirablement au vers asclépiade latin.

Il y a deux théories principales sur la constitution de l'asclépiade.

Selon la première théorie :

Ce dernier se compose d'un spondée, – –, de deux choriambes, – ⏑ ⏑ –, et d'un ïambe, ⏑ ⏒, avec césure après la sixième syllabe, c'est-à-dire après le premier choriambe, soit :

| – – | – ⏑ ⏑ – | – ⏑ ⏑ – | ⏑ ⏒

spondée, choriambe, choriambe, ïambe

Le vers d'Horace :

– – | – ⏑ ⏑ – | – ⏑ ⏑ – | ⏑ ⏒
Mæcenas atavis édite regibus

en est un exemple typique.

C'est un fait constant, d'après les lois latines, que les accents métriques se trouvaient :

Mæ ce nas a ta vis e di te re gi bus
1 2 3 4 5 6 1 2 3 4 5 6

Ronsard, au lieu de considérer le vers comme un mètre linéaire, comme un composé inerte de douze parties égales, a voulu que le rythme oratoire de la phrase épousât le plus possible le rythme métrique, en faisant coïncider les accents oratoires avec certains des accents métriques, non avec tous. Car, dans un vers vraiment vivant, les parties ne sont pas égales en valeur, mais se plient ou se tordent pour dominer ou s'effacer selon leur ambition.

Sachant que l'*asclépiade* se compose de quatre pieds, il cherchera la place théorique de quatre accents, les deux accents fixes étant à la fin des hémistiches; les autres seront mobiles par cela même que les pieds peuvent être remplacés par des équivalents. *métriques* en apparence, *syntoniques* en réalité.

***

Selon la seconde théorie :

Le vers asclépiade peut être considéré comme formé de deux hémistiches : le premier étant la *penthémimère* de l'hexamètre, à savoir deux pieds et demi : spondée, dactyle, et une syllabe longue ou césure longue ; le second étant formé de deux dactyles:

spondée | dactyle | syllabe longue || dactyle | dactyle

Vitæ | dirus | amor || quum | pateat | malis

Effugium, | et miseros, || libera | mors | vocet

Dans Sénèque, parfois le premier pied est un dactyle

Que fera Ronsard ? Il remarquera les dipodies métriques :

Vitæ dirus amor

et en tirera les dipodies syntoniques :

ïambe choriambe,

ou

ïambe péon quatrième.

D'où les groupes rythmiques :

Déjà	*sous le labeur*	2.4
Du temps	*que j'étais belle*	2.4

Ils peuvent être inversés dans le premier hémistiche :

choriambe	ïambe	4.2
péon	ïambe	4 2

Quand vous serez bien vieille 4.2

Pour espérer un jour 4.2

Mais ces dipodies peuvent être répétées dans le second hémistiche ou inversées.

Si elles sont répétées, ce sera :

ïambe et choriambe ;
ïambe et péon quatrième :

un soir, à la chandelle 2 4
˘ ⊥ ˘ ˘ ˘ ⊥
me chasse la langueur 2.4
˘ ⊥ ˘ ˘ ˘ ⊥
les roses de la vie 2 4
˘ ⊥ ˘ ˘ ˘ ⊥

péon, ïambe
et votre fier dédain 4 2
˘ ˘ ˘ ⊥ ˘ ⊥

Ainsi, l'alexandrin est surtout coupé en *cola* binaires ou quaternaires, c'est-à-dire par membres *syntoniques pairs.*

Ceci suppose que, selon la première théorie, l'asclépiade primitif dérive de l'ïambe et du choriambe, pieds de deux et quatre syllabes.

⁂

Si, au contraire, nous supposons, d'après la seconde théorie, que ce même vers asclépiade peut se diviser également en *dactyles* et selon le génie de la langue française, qui est plutôt ïambique et anapestique, nous remplacerons ces pieds ternaires dactyliques par des pieds ternaires anapestiques. Nous aurons ainsi des rythmes *ternaires.*

De ce que le second hémistiche de l'asclépiade peut être interprété comme formé de deux dactyles remplaçables par des anapestes, nous aurons donc, en français, pour le second hémistiche, la forme :

˘ ˘ ⊥ ˘ ˘ ⊥
à demi sommeillant 3.3

Mais, conformément à la virtuosité ronsardienne, les hemistiches sont interchangeables ; donc, cette forme pourra être également celle du premier hémistiche.

Si l'un des hémistiches est ˘ ˘ ⊥ , ˘ ˘ ⊥ ou 3.3 à rythme ternaire, ou bien l'autre sera également à rythme ternaire, et on aura :

˘ ˘ ⊥ ˘ ˘ ⊥ ˘ ⊥ ˘ ˘ ⊥
Je serai sous la terre, et, fantôme sans os,
Par les ombres myrteux, je prendrai mon repos ;

★

ou bien, on peut supposer que l'un des hémistiches étant à éléments ternaires, l'autre peut être à éléments binaires, d'où les combinaisons :

˘ ˘ ⊥ , ˘ ˘ ⊥	˘ ⊥ , ˘ ˘ ˘ ⊥	3, 3; 2, 4
	˘ ˘ ˘ ⊥ , ˘ ⊥	3, 3; 4, 2
˘ ⊥ , ˘ ˘ ˘ ⊥	˘ ˘ ⊥ , ˘ ˘ ⊥	2, 4; 3, 3
˘ ˘ ˘ ⊥ , ˘ ⊥		4, 2; 3, 3

Regret*tant* mon a*mour* et votre *fier* dé*dain*. 3.3 | 4 2

As*sise* auprès du *feu*, devi*dant* et *filant*, 2.4 | 3.3

Lors vous n'au*rez* ser*vante*... 4.2

⁂

Selon l'aveu même de Ronsard, la musique d'accompagnement de ses sonnets se composait de deux parties : la première, servant plutôt de masse plastique et suivant vaguement le rythme de la phrase, était réservée aux quatrains ; par contre, la musique des tercets suivait de très près la phrase et en était comme le chant.

L'examen métrique du fameux *Sonnet à Hélène :* « Quand vous serez bien vieille », nous montre à quelles finesses le poète a recours. C'est d'un art consommé qui ne laisse rien au hasard : dans le premier quatrain, le rythme est essentiellement binaire : 2.4, 2.4 ; les hémistiches 2.4 apparaissent six fois sur huit ; une seule fois, au commencement, nous avons 4 2 ; une seule fois enfin, au second vers, apparaît le rythme ternaire 3.3.

Ce rythme ternaire va devenir plus fréquent au second quatrain : il se présente quatre fois sur huit.

Au premier tercet, il triomphe partout ; voyez de quelle gravité le poète énonce les vérités solennelles et terribles :

Je serai — sous la terre, — et, fantô—me sans os...

Au second tercet, les formes binaires reparaîtront pour précipiter un peu le mouvement et apporter quelque note gaie : quatre rythmes binaires sur six. Les deux premiers s'opposent par leur structure 3.3 | 4.2 et 2.4 | 3.3. Le vers final rappelle le vers terminal du premier quatrain :

Quand vous se*rez* bien *vieille*, au *soir*, à la chan*delle*,	42 | 24
As*sise* auprès du *feu*, dévi*dant* et fi*lant*,	24 | 33
Di*rez* chantant mes *vers*, en *vous* émerveil*lant* :	24 | 24
« Ron*sard* me célé*brait* du *temps* que j'étais *belle*. »	24 | 24
Lors vous n'au*rez* ser*vante* oy*ant* cette nou*velle*,	42 | 24
Dé*jà* sous le la*beur* à de*mi* sommeil*lant*,	24 | 33
Qui au *bruit* de mon *nom* ne *s'ai*lle réveil*lant*,	33 | 24
Bénis*sant* votre *nom* de lou*ange* immor*telle*.	33 | 33
Je se*rai* sous la *terre*, et, fan*tôme* sans *os*,	33 | 33
Par les *om*bres myr*teux* je pren*drai* mon re*pos* ;	33 | 33
Vous se*rez* au foy*er* une *vieille* accrou*pie*	33 | 33
Regret*tant* mon a*mour* et votre *fier* dé*dain*.	3.3 | 4.2
Vi*vez*, si m'en croy*ez*, n'atten*dez* à de*main* :	2.4 | 3.3
Ceuil*lez*, dès aujour*d'hui*, les *ro*ses de la *vie*.	2.4 | 2 4

Voici ce même sonnet scandé en pieds binaires et quaternaires :

– ⏑ ⏑ –́ | ⏑ –̋ | ⏑ –́ | ⏑ ⏑ ⏑ –̋ |
⏑ –́ | ⏑ ⏑́ ⏑ –̋ | ⏑ ⏑ –́ | ⏑ ⏑ –̋ |
⏑ –́ | ⏑ ⏑́ ⏑ –́ | ⏑ –́ | ⏑ ⏑ ⏑ –̋ |
⏑ –́ | ⏑ ⏑ ⏑ –́ | ⏑ –́ | ⏑ ⏑ ⏑ –̋ |

– ⏑ ⏑ –́ | ⏑ –̋ | ⏑ –́ | ⏑ ⏑ ⏑ –̋ |
⏑ –́ | ⏑ ⏑ ⏑ –̋ | ⏑ ⏑ –́ | ⏑ ⏑ –́ |
⏑ ⏑ –́ | ⏑ ⏑ –́ | ⏑ –́ | ⏑ ⏑ ⏑ –̋ |
⏑ ⏑ –́ | ⏑ ⏑ –́ | ⏑ ⏑ – | ⏑ ⏑ –̋ |

⏑ ⏑ –́ | ⏑ ⏑ –́ | ⏑ ⏑ –́ | ⏑ ⏑ –̋ |
⏑ ⏑ –́ | ⏑ ⏑ –́ | ⏑ ⏑ –́ | ⏑ ⏑ –̋ |
⏑ ⏑ –́ | ⏑ ⏑ –́ | ⏑ ⏑ –́ | ⏑ ⏑ –̋ |

⏑ ⏑ –́ | ⏑ ⏑ –́ | ⏑ ⏑ ⏑ – | ⏑ –̋ |
⏑ –́ | ⏑ ⏑ ⏑ –̋ | ⏑ ⏑ –́ | ⏑ ⏑ –̋ |
⏑ –̋ | ⏑ ⏑ ⏑ –́ | ⏑ –̋ | ⏑ ⏑ ⏑ –̋ |

⏑ – ïambe
⏑ ⏑ ⏑ –́ péon quatrième
– ⏑ ⏑ –́ choriambe
pieds ternaires
⏑ ⏑ –́ anapeste

A cette structure si bien charpentée, s'ajoute le charme du phonétisme intérieur, constitué surtout par le retour de certaines voyelles : *célébrait, j'étais belle; aujourd'hui, la vie; dévidant et filant.*

C'est aussi le rôle des sonorités assourdies de l'*e* muet : les ros*es de la vie.*

Nulle part presque n'apparaît l'*e* muet intérieur ; pour dire l'aveu tremblant du poète, voici que deux *e* muets très doux viennent séparer la longue sonore de l'*o* de *roses* d'avec l'*i* aigu de la note finale *vie*

***

Ce que Ronsard avait surtout appris des Anciens, c'est que le vers, la strophe ne sont que des cadres factices destinés à tracer sa marche à la phrase mélodique, mais non à l'entraver.

L'*enjambement* est partout : le vers enjambe sur le vers, la strophe sur la strophe. Jamais chez les Anciens ni chez Ronsard, le vers n'est une ligne rigide et inextensible : c'est un ruban souple qui se tord ou s'allonge à volonté.

Le seul vers où l'enjambement soit interdit chez les Latins est le pentamètre.

Dans la poésie en hexamètres, les enjambements peuvent être une syllabe longue, un trochée, un dactyle ; ils peuvent se composer de deux pieds et demi ou césure *penthémimère,* de trois pieds et demi ou césure *hepthémimère.*

> Necdum etiam causæ irarum sævique dolores
> *Exciderant animo.*
>
> Quam Juno fertur terris magis omnibus unam
> *Posthabita coluisse Samo.*

Il faut relire à ce sujet le chapitre du vieux Quicherat sur *La Période poétique.*

Mais ce vers prolongé par l'enjambement demande d'être articulé : d'où la nécessité de nombreuses *césures.* L'hexamètre pouvait en avoir jusqu'à trois, si cela était nécessaire. De même, Ronsard sait à la fois composer ses membres mélodiques, les jeter en un vers ou les répartir en deux ou plusieurs.

De même, il sait les couper d'heureux repos permettant à la phrase de repartir avec une vigueur nouvelle.

Une nouvelle lecture du *Sonnet à Hélène* prouvera le bien fondé de ces observations.

Remarquez les enjambements. Au premier quatrain :

> Quand vous serez bien vieille, au soir, à la chandelle,
> Assise auprès du feu...

Le second quatrain n'est qu'un perpétuel enjambement et doit se lire d'une seule émission de voix

Au premier tercet :

> ... et, fantôme sans os,
> Par les ombres myrteux, je prendrai mon repos...

Au contraire, s'agit-il des césures, voyez comme elles sont nombreuses au premier quatrain, rares au second :

Quand vous serez bien vieille, — au soir, — à la chandelle,
Assise auprès du feu, — dévidant et filant, —
Direz, — chantant mes vers, — en vous émerveillant :
« Ronsard — me célébrait — du temps que j'étais belle. »

Dans les tercets, les césures sont peu nombreuses au premier, plus répétées au second, mais le sens se prolonge du premier tercet au second :

Vous serez au foyer une vieille accroupie,
Regrettant mon amour — et votre fier dédain.
Vivez, — si m'en croyez, — n'attendez à demain : —
Cueillez, — dès aujourd'hui, — les roses de la vie.

De même qu'une œuvre d'architecture se compose de pleins et de vides, une sculpture, d'ombres et de clartés, de creux et de reliefs, un morceau de musique, de sonorités et de silences, de mouvements ralentis ou accélérés, de même le vers, la strophe, le sonnet de Ronsard s'avance d'un mouvement toujours musical et varié.

***

Nous retrouvons le même procédé dans le vers de huit syllabes.

Ce vers français est dérivé de l'*ïambique dimètre*, qui, théoriquement, est composé de deux dipodies ou de quatre pieds. Les pieds sont des ïambes ou des substituts de l'ïambe, à savoir le spondée, ou le dactyle, ou l'anapeste au premier pied, le dactyle au troisième. Ronsard garde le nombre fixe des syllabes. Ceci a pour effet de limiter le nombre des substitutions possibles et celui des accents. Il est bien certain que laisser quatre accents à un vers si court, c'est lui donner un rythme trop sautillant :

Ut prisca gens mortalium

Dans ce vers d'Horace, les pieds impairs sont changés en spondées.

Chez les Chrétiens, il est employé en strophes de quatre vers avec le spondée comme seul suppléant de l'ïambe aux lieux impairs.

Deus creator omnium
Polique rector vestiens
Diem decoro lumine
Noctem soporis gratia.

***

Ce même vers français de huit syllabes peut être dérivé d'un autre vers latin également octosyllabe.

Le plus usité est le *glyconique*, qui se trouve surtout à la fin de la strophe asclépiade, aux asclépiades de laquelle il est apparenté.

La strophe asclépiade se compose de trois vers asclépiades formés chacun de quatre pieds : un spondée, deux choriambes et un ïambe.

– – | – ᴗ ᴗ – | – ᴗ ᴗ – | ᴗ ×

Elle se termine par un vers glyconique, composé d'un spondée, d'un choriambe et d'un ïambe.

La différence est visible : l'asclépiade a deux choriambes entre le spondée initial et l'ïambe final, le glyconique n'en a qu'un.

Exemple de glyconique :

Sic te | di va po tens | Cypri |

Tout comme pour l'asclépiade, on peut en expliquer la constitution en prenant le dactyle pour base et le définir ainsi : en ce cas, le glyconique est un trimètre composé d'un spondée et de deux dactyles :

Sic te diva po tens Cypri.

Mais quelle que soit la manière de scander, il est évident, d'une part, que, dans le glyconique, il n'y a que trois accents métriques ; d'autre part, Ronsard, égalant entre eux les deux vers octosyllabes, ïambique ou glyconique, empruntait tour à tour les combinaisons de l'un et celles de l'autre.

Le rythme : *Sic te — diva potens Cypri* s'imposait au poète français.

Nous le retrouvons dans :

Hélas ! où est ce doux parler,
Ce voir, — cet ouïr, cet aller,
Ce ris, — qui me faisait apprendre
Que c'est qu'aimer ?...

Puisque, pour lui, l'alexandrin était le vers parfait par excellence, il se modelait sur le type latin qui lui avait donné naissance, à savoir le vers asclépiade.

De plus, la strophe asclépiade étant une des belles strophes d'Horace et la seule possédant un octosyllabe, le glyconique comme vers terminal, il est naturel que Ronsard ait eu présente à l'oreille l'harmonie de sa structure et l'ait adoptée aussi souvent que possible. Il lui a pris ainsi le modèle de son octosyllabe.

Il a donc le plus souvent tracé d'abord un cadre métrique ïambique, mais il ne s'est pas fait faute d'y introduire des *côla* glyconiques.

Il commence par écrire selon le cadre métrique :

En te sourdant à petits bonds,

Tu dis en l'air de si doux sons...

Tel quel, ceci ne peut aller parce que certains accents oratoires ne marchent pas de pair avec l'accent métrique ; par exemple :

À petits bonds, selon la métrique ;

À petits bonds, selon l'accent oratoire.

Ronsard réduira ces quatre accents à deux, et introduira des péons quatrièmes au lieu d'ïambes.

En te sourdant | à petits bonds,

Tu dis en l'air | de si doux sons.

Ailleurs, il gardera trois accents :

Hélas ! où est ce doux parler, 2.2 | 2.2

Ce voir, cet ouïr, cet aller, 2.3 | 3

Ce ris, qui me faisait apprendre 2.4 | 2

Que c'est qu'aimer ! Ha ! doux refus ! 2 2 2.2

Ha ! doux dédains, vous n'êtes plus ! 2.2 | 4

Vous n'êtes plus | qu'un peu | de cendre. 4 2 | 2

Ainsi, les ïambes se mêlent aux ïambes, ou aux anapestes, ou aux péons.

Donc, Ronsard, après avoir tracé le cadre métrique, corrige les accents de détail selon la structure de la période, ou de la phrase, ou de la strophe, afin d'assurer l'envol de la parole rythmée. C'est en cela qu'il s'est révélé un divin musicien.

Le vers chez lui est musical par l'accent et souple par l'enjambement et les césures.

Par l'etude des deux vers principaux en usage chez Ronsard, le lecteur comprendra, espérons-nous, comment ce grand poète a été le créateur du vers musical moderne. C'est chez lui, et non chez Malherbe, que se manifeste l'harmonie dont Racine tirera de si beaux accords (1).

E. BAYON.

(1) Voir la belle étude de M. DE SOUZA, sur *La Rythmique de Ronsard*, au *Mercure de France*, 1er octobre 1924.

www.ingramcontent.com/pod-product-compliance
Ingram Content Group UK Ltd.
Pitfield, Milton Keynes, MK11 3LW, UK
UKHW020915180726
13838UKWH00002B/550

9 782329 349459